D1691740

NZZ **Libro**

Was vermag Ökonomie?

Silvio Borner
Bruno S. Frey
Kurt Schiltknecht
zu wirtschaftlichem Wert,
Wachstum, Wandel
und Wettbewerb

Herausgegeben von Beat Kappeler

Verlag Neue Zürcher Zeitung

Bibliografische Information der Deutschen Nationalbibliothek
Die Deutsche Nationalbibliothek verzeichnet diese Publikation
in der Deutschen Nationalbibliografie; detaillierte bibliografische Daten
sind im Internet über http://dnb.d-nb.de abrufbar.

Umschlagabbildung: Keystane, Caro

© 2007 Verlag Neue Zürcher Zeitung, Zürich

Dieses Werk ist urheberrechtlich geschützt. Die dadurch begründeten Rechte, insbesondere die der Übersetzung, des Nachdrucks, des Vortrags, der Entnahme von Abbildungen und Tabellen, der Funksendung, der Mikroverfilmung oder der Vervielfältigung auf andern Wegen und der Speicherung in Datenverarbeitungsanlagen, bleiben, auch bei nur auszugsweiser Verwertung, vorbehalten. Eine Vervielfältigung dieses Werkes oder von Teilen dieses Werkes ist auch im Einzelfall nur in den Grenzen der gesetzlichen Bestimmungen des Urheberrechtsgesetzes in der jeweils geltenden Fassung zulässig. Sie ist grundsätzlich vergütungspflichtig. Zuwiderhandlungen unterliegen den Strafbestimmungen des Urheberrechts.

ISBN 978-3-03823-331-2

www.nzz-libro.ch
NZZ Libro ist ein Imprint der Neuen Zürcher Zeitung

Inhalt

Beat Kappeler
    Ökonomie ist nicht alles, aber alles auch ökonomisch
    Einleitung   7

Silvio Borner
    Dreimal Beruf, dreimal Berufung oder:
    Warum gerade Ökonomie?   9

Bruno S. Frey
    Glück, Krieg, Kunst –
    (fast) alles lässt sich ökonomisch erklären   25

Kurt Schiltknecht
    Der bewegte wirtschaftliche Rahmen   45

Beat Brenner, Beat Gygi, Gerhard Schwarz
    Das grosse Interview mit Silvio Borner,
    Bruno S. Frey und Kurt Schiltknecht zur Ökonomie,
    deren Wirkung und Menschenbild   75

Beat Kappeler
    30 Jahre Universität, Wirtschaft und Gesellschaft –
    die Sicht eines Beobachters von aussen   109

Beat Kappeler
    Drei sehr persönliche Interviews   121

Herausragende Artikel
aus der publizistischen Tätigkeit der drei Ökonomen:

Silvio Borner
    Die Swissair – und kein Ende   135

Silvio Borner
    Blatter-Johanson & Schwab –
    die Outsorcing-Spezialisten   138

Bruno S. Frey
    Zwei Utopien jenseits des Weltstaates
    und der Anarchie   143

Bruno S. Frey
    Was macht glücklich?
    Eine Analyse aus ökonomischer Sicht   149

Kurt Schiltknecht
    Goldene Fallschirme   152

Kurt Schiltknecht
    Konkurrenz belebt das Leben   157

BEAT KAPPELER

Ökonomie ist nicht alles, aber alles ist auch ökonomisch

Einleitung

Manchen ist es fast etwas peinlich, aber überall im Leben geht es recht rasch immer nur um das eine, ums Geld. Natürlich nicht nur um plattes Bargeld, sondern um Vorteile, Nachteile wirtschaftlicher Art. Im Arbeitsleben, im Kunstbetrieb, in jedem Haushalt, in der Sorge um die Armen, in der Besteuerung der Reichen, bei den vielen Aufgaben des Staates – immer rechnet, tauscht und schafft man an. Und wer wichtige Angelpunkte der früheren Geschichte untersucht, kommt oft auf den springenden Punkt, wenn man die wirtschaftlichen Umstände und Interessen dahinter abklopft.

Die Lehre von der Ökonomie versucht die Interpretation aller Aspekte des gesellschaftlichen Lebens in ein System, in verallgemeinerungsfähige Muster zu bringen. Und schon handelt sie sich den Vorwurf des «Imperialismus» ein, den Vorwurf auch, das Menschenbild auf den Homo oeconomicus zu verengen. Dies wiederum ist ein viel zu enges Bild von Ökonomie. Denn damit sie die komplexe Wirklichkeit trifft, muss sie Seitenblicke auf die Politikwissenschaft, auf die Psychologie, Soziologie und Geschichte machen, muss technische Zwänge und Durchbrüche richtig einschätzen. Auf diese Weise befähigt, erlaubt sie sich zwar den Zugriff auf die gesamte Lebenswelt, aber nur soweit es darin um Tausch, um Knappheit an Gütern und Diensten und um das Zusammenspiel der Akteure im Hinblick auf die Abwicklung des Tausches und der Wertschöpfung geht. Die Ökonomie ist eine «science de carrefour» – sie hält die Lupe dorthin, wo sich die Interessen und die Akteure kreuzen.

Die Ökonomie ist auch eine Gesellschaftswissenschaft, und Ökonomen haben daher ihre persönliche Vorstellung, was die Menschen und ihr Zusammenwirken antreibt – Eigennutz? Altruismus? Gesellschaftsvisionen?

Die drei Ökonomen stellen in diesem Band ihre Vorstellungen darüber vor. Sie gehören der grossen, liberalen Ideenwelt an, die seit der Aufklärung die westliche Gesellschaft gestaltet. Dabei zeigt sich, dass nach dem Krieg vor allem amerikanische Denker und Ökonomen die Fackel der Liberalität hochgehalten und attraktiv gemacht haben. In den drei Jahrzehnten ihres Wirkens standen die drei Autoren daher in Europa lange im Gegenstrom der Ideen. Die Klassenlage, Schichtzugehörigkeiten wurden als ausschlaggebend für das Verhalten von Menschen ausgegeben und der Staat zur Korrektur mit Regeln und Milliardenausgaben eingesetzt. Der Glaube an selbstverantwortetes Handeln des Individuums kam vielen abhanden. Warum die drei Ökonomen nicht aufgaben, erklären sie hier.

Sie betätigen sich nicht nur als Lehrende und Forschende, sondern greifen mit Artikeln in Tagesfragen ein, sie analysieren nicht nur allgemeine, globale Trends, sondern sorgen sich um das Wohl des kleinen Landes, dem sie entstammen. In diesem Buch wollen sie zusammen Rechenschaft geben – aber in Variationen des Einverständnisses, und in variierten Formen der Autobiografie, des Gesprächs, einiger schriftlicher Arbeiten. Der Leser möge daraus schöpfen, was er will.

Hinzu kommen erstaunlicherweise ausserökonomische Gründe, dass gerade diese drei Ökonomen sich zu einem gemeinsamen Buch zusammenfinden. Sie sind alle drei innerhalb zehn Tagen des Jahres 1941 geboren, sie kennen sich aus frühen Studientagen und sind seither freundschaftlich verbunden, sie teilen wissenschaftliche Grundsätze und Vorverständnisse. Drei Homines oeconomici aus Leidenschaft, damit das Leben besser wird.

SILVIO BORNER

Dreimal Beruf, dreimal Berufung oder: Warum gerade Ökonomie?

Den ersten «economics course» absolvierte ich als Austauschstudent im Jahre 1958 an der Lincoln Southeast High School in Nebraska (USA). Der Lehrer hiess Mr. Miller und hat mich für das Fach begeistert – ein Leben lang (was ich damals noch nicht ahnen konnte). Das Studium in St. Gallen verlief vor allem schnell und reibungslos mit dem Lizentiat nach sieben Semestern. Die tiefschürfende Erkenntnis, dass das Unternehmen «ein komplexes soziales System» sei, hat meine Begeisterung für die (damalige) BWL auf das absolut notwendige Minimum reduziert. Der sogenannte Systemansatz und das daraus abgeleitete St. Galler Modell haben in meiner Einschätzung die HSG um ein Haar wissenschaftlich ruiniert. Den «Ärmel reingenommen» hat es mir erst, als Professor Walter A. Jöhr mir nach der (nicht enden wollenden) mündlichen Prüfung über das Wachstumsmodell von Solow – völlig überraschend – ein Angebot für eine Assistentenstelle unterbreitete. Dazu muss man wissen, dass es damals in St. Gallen ganze drei Positionen für Assistenten im gesamten Bereich Volkswirtschaft gab!

Walter A. Jöhr hat meinen weiteren Lebensweg stark geprägt. Oftmals habe ich mir in kritischen Situationen überlegt, was wohl WAJ jetzt sagen, entscheiden oder auch unterlassen würde – vor allem Letzteres. Früh habe ich von ihm nicht nur gelernt, sondern geradezu verinnerlicht, dass Wirtschaft und Politik zusammengehören: analytisch und inhaltlich. Die künstliche Abtrennung einer reinen Domäne «Wirtschaft» muss von der Sache unfruchtbar und von der Analytik her unbefriedigend bleiben. Walter A.

Jöhr schärfte so in jungen Jahren schon meinen Sinn für die zentrale Bedeutung der übergeordneten «Spielregeln» des Wirtschaftens im Rahmen einer Marktwirtschaft. Und diese Spielregeln sind letztlich politisch motiviert und juristisch operationalisiert. So ist es nur logisch, dass eine Konstante meines akademischen Wirkens die politische Ökonomie ist: das Bestreben, die Wirtschaftspolitik nicht nur von der ökonomischen Effizienz her zu begreifen, sondern auch von den Kräften, die in der Politik wirken. Und dies sind eben Interessen, Ideologien und Institutionen. Dies ist zumindest ansatzweise bereits in den insgesamt konventionellen frühen Buchpublikationen zu wirtschafts- und finanzpolitischen Themen sichtbar (vgl. Borner 1975b und Borner/Würgler 1978).

Imperiale Ökonomie?

Dabei habe ich eine Wandlung insofern vollzogen, als ich ursprünglich dem Public-Choice-Ansatz kritisch gegenüberstand und meinem heutigen Freund und Mitstreiter Peter Bernholz in der mir eigenen Manier (im Rahmen einer Buchbesprechung) ganz rassig an den Karren fuhr. Das ist ein wichtiger Knick in meinem politökonomischen Werdegang: War ich früher eher der Ansicht, dass Politik und Wirtschaft inhaltlich nicht separiert werden können und dürfen, so neigte ich doch der Meinung zu, dass das methodische Instrumentarium der modernen Mikroökonomie wenig bis nicht exportfähig in die Politikwissenschaft sei. Mit der Zeit bin ich hier eines Besseren belehrt worden, wie zahlreiche neuere Beiträge und Artikel in dieser Sammlung zeigen. Allerdings war ich mir über die Bedeutung der «organisierten Interessen» einerseits sowie des «politischen Rahmens» andererseits immer schon sehr bewusst. Ein enger und freundschaftlicher Kontakt mit Mancur Olson hat mir dabei entscheidend nachgeholfen. Allerdings sind mit fortschreitender Erkenntnis in die Stärken von Public Choice mit der Zeit auch wieder einige Zweifel an der imperialistischen Version der ökonomischen Zuständigkeit erstarkt. Dazu hat auch mein Freund und Kollege Bruno S. Frey beigetragen, ebenso wie meine junge Assistenzprofessorin Fabienne Peter, die mir das wissenschaftliche Werk von Amartya Sen neu erschloss, nachdem ich mit ihm einige Jahre im Executive Committee der International Economic Association gesessen hatte.

Eine späte Frucht dieses frühen Anfangs war auch die «Entdeckung» von «law and economics». Dabei ist der Begriff «Entdeckung» analog zu Kolumbus subjektiv zu verstehen. Das Gebiet war schon längst besiedelt und entwickelt – von mir aber nicht wirklich beachtet und abgeschritten worden. Dabei kam mir jedoch zugute, dass ich bis zum Doktorat im Nebenfach stets Recht studiert und dabei (dank meinem guten Gedächtnis) viel gelernt habe. Die wissenschaftliche Beschäftigung mit «den Institutionen» und damit mit Autoren wie North oder Coase hat meine vorbestehende «angelsächsische» Orientierung nochmals verstärkt. Mit der traditionell-deutschen «Theorie der Wirtschaftspolitik» stand ich seit eh und je auf Kriegsfuss, ebenso wie mit einer sich gegen die ökonomische Theorie definierenden Betriebswirtschaftslehre. Erst in neuerer Zeit scheinen diese Fehlentwicklungen in Deutschland selber endgültig korrigiert zu werden. In der Schweiz waren wir hier der Zeit voraus, weil praktisch alle Kollegen meiner Generation eine angelsächsische Zusatzausbildung absolviert haben. Das Mekka fast aller meiner Generation war Rochester mit seinen «zugewandten Orten» und mit Karl Brunner als grossem Zampano. So sehr ich dessen intellektuelle Brillanz bewunderte, so sehr missfielen mir seine dogmatische Ader und der Versuch, die jungen Ökonomen zu «Schülern» und «Jüngern» zu formen. Und so verzichtete ich freiwillig auf die mir von W. A. Jöhr in Aussicht gestellte Unterstützung durch den Schweizerischen Nationalfonds und wechselte – mit einem amerikanischen Stipendium – eher aus Trotz denn aus Prinzip ins keynesianische Lager. Während Bruno S. Frey über die Zeit von diesem «Interlaken-Konsensus» (wie ihn die jährlichen Seminare dort um Karl Brunner formulierten) abgerückt ist, habe ich mich eher darauf zu bewegt und hätte heute mit Karl Brunner wohl weniger Differenzen als damals. Aber es war wichtig für mich, aus eigener Kraft und Erfahrung dorthin zu gelangen.

Ökonomie der Politik

Eine ganz andere Entwicklungslinie nimmt deshalb ihren Anfang in der Yale University, wo ich ein Postdoctoral Fellowship absolvierte. Stars im Yale jener Zeit waren zum einen die Makroökonomen mit dem Leuchtturm James Tobin im Zentrum. Zum andern war Yale ein Gralshort für mathematische und statistische Methoden mit Leuten wie Shubik, Scarf und Koopmans. In diesen Sparten war ich von meiner bisherigen Ausbildung her völlig ahnungslos – und von der Begabung her hoffnungslos überfordert. Von Tobin habe ich zwei vorerst harte Lehren bezogen, die mir aber langfristig erst den Weg geebnet haben. Die erste lautete: «Silvio, you know about comparative advantage: In your case, it is not econometrics!» Die zweite betraf ein «working paper» im Rahmen meiner Habilitationsarbeit über die «wirtschaftspolitische Beratung bzw. die Rolle der Wissenschaft in der Politik» (vgl. Borner 1975a). Sein Kommentar war: «It is quite okay, but you can do much better!» Also fing ich (nach einer Krisenwoche) nochmals von vorne an. Zugleich aber besann ich mich auf meine komparativen Vorteile und landete in der Nische von Richard Nelson, der sehr kreativ und innovativ an den Rändern der Neoklassik forschte und lehrte. Von «Dick» Nelson habe ich früh gelernt, mich mit institutionellen Problemen zu befassen, die weitab von grossen Geschützen (wie Konjunktur, Inflation, Wechselkursen usw.) liegen. So bleibt mir in Erinnerung, wie wir im Seminar zum Schluss kamen (ja, wir Teilnehmer selbst!), dass der amerikanische Staat den «Supersonic Transport (SST)» nicht subventionieren sollte, selbst wenn die Franzosen mit ihrem Überschallprojekt Concorde vorangehen würden. Und seither ist ja auch die Concorde wieder aus dem Himmel gefallen. Seit jenen fernen Tagen habe ich mich denn auch immer wieder mit einer grossen Vielfalt von ganz konkreten Fragestellungen der Tagespolitik befasst, wie die Literaturliste zeigt, leider auch mit der Schweizer Luftfahrt. In Buchform habe ich mich mit Systemfragen im Gesundheitssektor (vgl. Borner/Frey 1983 und Borner et al. 1988b), mit der verschleppten

Liberalisierung im Fernmeldewesen (vgl. Borner et al. 1991a), dem «Schweizerischen Weinskandal» (vgl. Borner et al. 1986a), der Strommarktliberalisierung (vgl. Borner/Bodmer 2001) sowie der Kartellrechtsreform (vgl. Borner et al. 1995a) zusammen mit jüngeren Kollegen kritisch und relativ politiknah befasst. Die Anfang der 1990er-Jahre vorgelegten Liberalisierungsschritte beim Telefon bezeichneten wir wenig freundlich als überholt, bevor sie in Kraft traten. Und beim Weinskandal ging es anders als in Österreich nicht um das «Panschen», sondern um den Abriss der Konsumenten. In beiden Fällen ist die Verzögerung der Liberalisierung den jeweiligen Produzenten nicht gut bekommen. Swisscom und Weinbau haben den Sprung ins Ausland längst verpasst und führen nur noch Rückzugsgefechte auf dem kleinen Binnenmarkt. Das war leider leicht vorauszusehen und vorauszusagen.

Der Gegenpol im Yale von damals war Joseph Stiglitz, mit dem ich persönlich sehr gut auskam, der mich aber im Hörsaal häufig ziemlich nervte ... Theorie war für ihn ein Selbstzweck: Unvergesslich sein Credo im Seminar: «Let us do this algorithm – because it is so beautiful.» Zudem war seine Theoriewelt durchtränkt von «Marktversagen» aller Art. Für jedes Einzelne produzierten seine Modelle auch immer eine «optimale Lösung» – zumindest für die politisch unbefleckte Wandtafel. Ich staunte nicht schlecht, als derselbe Joe nicht nur den Nobelpreis erhielt, sondern später dann doch noch den Weg in die wirtschaftspolitische Praxis suchte und auch fand. Es scheint, dass diese Faszination durch die «l'art pour l'art» in jeder Generation gerade die Hochbegabten immer wieder neu infiziert, wobei längst nicht alle den Weg aus diesem Labyrinth so elegant finden wie mein Freund Joe, der mich nun auch «populärwissenschaftlich» überholt hat. Es war wohl mein Glück, nicht zu den «Auserwählten» zu gehören.

Die Stimmen der unabhängigen Ökonomen sind im wirtschaftspolitischen Konzert demzufolge immer leiser und dünner geworden. Schon ganz am Anfang meiner Laufbahn habe ich die damit verbundenen Gefahren erkannt und mit Werner Meyer eine wöchentliche Rubrik in der *Basler Zeitung* initiiert, die als «Was meint der Ökonom dazu?» später als Buch herauskam (vgl. Borner/Meyer 1979). Je weniger sich die Ökonomen öffentlich zu Wort melden, desto lauter und schriller ertönt der Chor aus effekthaschenden Scharlatanen und ideologischen oder interessengebundenen «Experten». Diesen Stimmen habe ich versucht, mit meinem «Ökonomischen Gelächter» (vgl. Borner 2003a) zu entgegnen. Gerade in einem kleinen Land wie der Schweiz ist es gefährlich, blindlings dem Diktat der paar wenigen ausländischen wissenschaftlichen Spitzenzeitschriften zu folgen und über die schweizerische Wirtschaftspolitik die Nase zu rümpfen.

Institutions matter

Langsam aber stetig kam ich auf den Geschmack von Fallstudien zur Institutionen-Ökonomie. Die Politikberatung untersuchte ich nicht nur konzeptionell-theoretisch, sondern ergänzte dies durch eine Fallstudie zum «Council of Economic Advisers» in den USA (CEA). Dabei entwickelte ich den Ehrgeiz, alle damals (1970) noch lebenden Mitglieder und später berühmt gewordenen «staffer» persönlich zu interviewen. Das wiederum führte zu unvergesslichen Begegnungen mit Leuten wie Samuelson, Solow, Ackley, Galbraith. Dumm von mir war nur, diese Studie in einem Schweizer Verlag auf Deutsch zu publizieren und sie damit auch gleich zu kompostieren (vgl. Borner 1977). In diesem Zusammenhang wurde mir auch klar, wie verheerend die ökonomischen Konsequenzen des Vietnamkrieges waren. Schon Keynes hatte bekanntlich mit seinen «Economic Consequences of the Peace» auf die oft dramatischen Verstrickungen von Krieg und Frieden mit der Wirtschaftsentwicklung hingewiesen.

Aus jener Yale-Zeit mit keynesianischem Einschlag habe ich auch eine gewisse Gläubigkeit an die Globalsteuerung mit in die Schweiz zurückgenommen, die in einem Aufsatz von Mitte der 1970er-Jahre noch durchschimmert (enthalten in Borner 1975b). Ähnliches gilt für staatlichen Interventionismus zum Beispiel im Bereich der Armutsbekämpfung, Sozialpolitik oder Regulierung.

Und so hielt ich meine Probevorlesung in St. Gallen zum Thema «Negative Einkommenssteuer» – eine prima Idee, aber mit miserablen Realisierungschancen. Relativ früh wurde mir dann klar, dass die Sozialpolitik – im Speziellen die AHV – mehr ein «Spielball von Interessen» als eine Sache der Logik oder Zahlen war (Titel eines Beitrags von mir mit meinem damaligen Assistenten Jürg Sommer). Dazu passt auch meine Tätigkeit in der Kommission für Konjunkturforschung (KfK), die mir aber schon nach wenigen Jahren verleidet war, weniger wegen der schablonenhaften Quartalsprognosen als wegen der hochgradigen Verpolitisierung durch ängstliche Beamte und beinharte Interessenvertreter. Aus ähnlichen Befindlichkeitsproblemen hielt ich es auch in der Rekurskommission für Wettbewerbsfragen nur kurze Zeit aus. Wenn schon Professor, dann wollte ich lieber ganz unabhängig bleiben, als mit dem Stundenlohn eines Tennislehrers formalistischen Kleinkram zu beackern.

Im Rückblick kann man klar erkennen, dass ich von einer eklektischen post-keynesianischen-neoklassischen Synthese abgerückt bin: weg von primär makroökonomischen Themen zu mikro- und politökonomischen. Dogmatische Positionen habe ich nie vertreten. Globalsteuerung meinetwegen, aber Industrie- oder andere Strukturpolitik dann doch nicht. Der Monetarismus war mir von Anfang an ideologieverdächtig und dann doch zu dogmatisch. Unvergesslich ist die «debate» von 1971 zwischen James Tobin und Milton Friedman in der altehrwürdigen «Cowles Foundation». Friedman überzeugte mich bei diesem Thema nicht – im Gegensatz zum «free to choose» als seinem liberalen Credo. In dieser Beziehung war dann die Berufung nach Basel geradezu ideal, war doch meinem lieben und hoch geschätzten Kollegen Gottfried Bombach dieser Spagat zwischen Globalsteuerung und liberaler Grundhaltung schon ein Jahrzehnt früher gelungen. Ich war im richtigen Hafen gelandet.

Politikversagen – global und lokal

Inhaltlich hat sich meine Forschungs- und Publikationstätigkeit ebenfalls gewandelt: In der St. Galler Phase waren dies primär die Konjunktur- und Sozialpolitik, Letztere in enger Kooperation mit Jürg Sommer. In Basel angekommen, befasste ich mich mehr mit der Globalisierung, insbesondere den Produktionsverlagerungen und den Multis, wobei mir hier Felix Wehrle, Rolf Weder und Stephan Mumenthaler eng zur Seite standen. Aus diesen Forschungsprojekten des Nationalfonds und internationaler Organisationen ist eine ganze Reihe von Büchern herausgekommen (vgl. Borner 1986b und 1986c), eines davon zusammen mit Michael Porter von der Harvard University (vgl. Borner et al. 1991b). Dies sollte nicht der einzige Ausflug in Gefilde bedeuten, die normalerweise der Betriebswirtschaftslehre zugeordnet werden (vgl. Borner et al. 1997b oder Borner 1981).

In diese hohe Zeit der internationalen Ausrichtung meiner Forschungstätigkeit fällt auch eine von mir geleitete prominente Konferenz der International Economic Association, deren Buchversion zum Thema «International Finance and Trade in a Polycentric World» auch heute noch lesenswert ist, was häufig bei solchen Sammelbänden nicht der Fall ist (vgl. Borner 1988a).

Früh erkannte ich auch die «duale Struktur» der schweizerischen Wirtschaft mit einem hoch kompetitiven internationalisierten Sektor auf der einen und einem trägen, geschützten und relativ unproduktiven Binnensektor auf der andern. Auf diese Internationalisierungs- und Dualismus-Problematik wurde ich nicht zuletzt durch eher links stehende Mitarbeiter wie Barbara Stuckey und Carlo Knöpfel aufmerksam gemacht. Schon in der «Sechsten Schweiz» (vgl. Borner/Wehrle 1984) zog ich jedoch primär positive Schlussfolgerungen: Die Schweiz profitiert von der Internationalisierung, insbesondere auch von den Multis. Gefährlich ist im Gegenteil die «Abschottung» ganzer Länder (Entwicklungsländer), aber auch einzelner Sektoren wie in Japan oder eben auch in der Schweiz durch Importkartelle, denen vor allem mein

Doktorand Eric Scheidegger nach dem Leben trachtete und den Autoimporteuren grossen Kummer bereitete.

Daraus entwickelten sich zwei gesonderte, aber aus derselben Quelle stammende Forschungsstränge: die politischen Voraussetzungen für die wirtschaftliche Entwicklung zum einen und die politischen Ursachen des wirtschaftlichen Zurückfallens der Schweiz zum andern. Auf dem ersten Flusslauf waren vor allem Beatrice Weder und Aymo Brunetti und später Markus Kobler mit an Bord. Die entsprechenden Bücher tragen sich selbst erklärende Titel, wie «The Political Dimension of Economic Growth» (Borner/Paldam 1998), «Political Credibility and Economic Development» (Borner et al. 1995b) und «Institutional Efficiency and its Determinants» (Borner et al. 2004). Der Höhepunkt war sicher das Werk über «Political Credibility and Economic Development», das unserer Gruppe auch internationale Beachtung brachte und für Beatrice Weder einen wichtigen «stepping stone» für ihre eigene Karriere darstellte. Ich selber wurde Opfer meiner Unrast bei der Suche nach neuen Themen. Und so beschäftigte ich mich entgegen einer früheren Absicht halt doch wieder mit unserem Land.

Für die Analyse der schweizerischen Wachstumsprobleme konnte ich auf die tat- und schlagkräftige Mitwirkung von Thomas Straubhaar, Aymo Brunetti und Frank Bodmer zählen. In verschiedener Zusammensetzung versuchen wir «bösen vier» die Schweiz angesichts der Wachstums- und Reformschwäche ab 1990 immer wieder wachzurütteln. Zeugen zwischen Buchdeckeln für diese angewandte politische Ökonomie par excellence sind die Titel «Schweiz AG. Vom Sonderfall zum Sanierungsfall?» (vgl. Borner et al. 1990), «Die Schweiz im Alleingang» (vgl. Borner et al. 1994) und «Wohlstand ohne Wachstum – eine Schweizer Illusion» (vgl. Borner/Bodmer 2003b). Mit den entsprechenden Reformvorschlägen erwarben wir uns dann auch das Etikett «neoliberal», zu dem ich jedoch gerne stehe. Im Rahmen dieser Sachbücher findet der Leser auch unsere kritische Einstellung zu den schweizerischen politischen Institutionen, insbesondere einer ausufernden direkten Demokratie, der Hans Rentsch und ich ein separates Buch mit

Beiträgen aus verschiedenen Perspektiven gewidmet haben (vgl. Borner/Rentsch 1997). Hier haben wir wohl ein Tabu gebrochen und viele Missverständnisse ins Leben gerufen, für welche die «Direktdemokratie-Fundis» eher mehr als wir verantwortlich sind. Wir waren und sind nie gegen Referendum und Initiative per se gewesen, aber problematisierten deren ständige Ausweitung und Verbilligung. Aber wer sich in der Öffentlichkeit exponiert, muss mit gewissen Abstempelungen wie «neoliberal» oder «antidemokratisch» leben (können).

Wirtschaftsliberale mit einer Schwäche für Politik

Die ganze Zeit über habe ich mich auch mit dem ökonomischen und politischen Liberalismus beschäftigt und bin dabei immer mehr zu den «basics» zurückgekehrt. Dabei bin ich auf das heikle Terrain der liberalen Interpretation der Demokratie – im Gegensatz zur populistischen – vorgestossen. Der wirtschaftliche Liberalismus wird in der Schweiz zumindest gelobt, wenn auch nicht immer gelebt. Der politische Liberalismus steht jedoch im Schatten der «absoluten Volkssouveränität» und führt daher eher ein Mauerblümchendasein. Ich glaube, hier ein Schisma vieler Liberaler in unserem Land zu erkennen: Wirtschaftlich sind sie liberal, politisch folgen sie aber lieber den Spuren von Rousseau als denjenigen von Montesquieu und den amerikanischen «Federalists» und geraten so in den Dunstkreis des «Populismus».

Welche historischen Ereignisse haben zu dieser erkenntnismässigen und publizistischen Entwicklung beigetragen? Prägend waren sicher die hautnahe Erfahrung mit dem Vietnamkrieg in den USA und vor allem dessen wirtschaftliche Auswirkungen auf die gesamtwirtschaftliche Stabilität. Die Erfolge der Kennedy-Ära – von Professor Heller als «Zeitalter der Ökonomen» bezeichnet – gingen in einer Kriegswirtschaft unter, die aus politischen Gründen keine sein durfte. Und so wurde entgegen der ökonomischen Vernunft und dem Rat der Ökonomen auf eine Steuererhöhung verzichtet. Den Rest kennen wir. Zusammen mit den Ölschocks und dem Zusammenbruch von Bretton Woods endete so Mitte der 1970er-Jahre die Nachkriegsepoche und mit ihr das hohe und stetige Wachstum. Die 1980er-Jahre waren dann ein «mixed bag» aus Stagflation und technologischen Schüben, begleitet von beschleunigter Globalisierung und abgeschlossen durch den Kollaps des Sowjetreiches mitsamt seiner zentralen Planwirtschaft.

Anfang der 1990er-Jahre kam auch ich am EU-Thema nicht mehr vorbei und organisierte zusammen mit meinem Freund Herbert Gruebel eine hochkarätige internationale Konferenz mit dem Fokus einer Aussensicht auf die EU (vgl. Borner/Grubel 1992).

Mit der Ablehnung des EWR begab sich die Schweiz in den 1990er-Jahren auf einen gefährlichen Sonderweg, der zumindest wirtschaftlich nicht von Erfolg gekrönt war, sondern (mindestens) eine «verlorene Dekade» bescherte. Ist diese Phase der Wachstumsschwäche nun mit den Bilateralen II, dem Uno-Beitritt und der WTO überstanden oder befinden wir uns lediglich in einem erst noch schwachen Aufholprozess konjunktureller Natur? Einen höheren Wachstumspfad wird die Schweiz erst dann wieder erreichen, wenn wir unsere interne Reformblockade durchbrochen haben. Klar ist, dass wir damit spät dran sind. Zur Hoffnung Anlass gibt, dass diese Verspätungen durch bessere politische Absicherungen kompensiert werden können, sodass die Reformen wohl mit Verzögerung erfolgen, aber hohe «Nachhaltigkeit» aufweisen.

Ein Höhepunkt meiner beruflichen Karriere war sicher meine Gastprofessur in Buenos Aires (1998/99) in der Spätphase der «liberalen» Reformen in diesem exemplarischen Experimentierfeld. Im Gegensatz zu meinen liberalen argentinischen Freunden kam ich mit meiner Studie zu skeptischen Prognosen, weil ich die liberalen Defizite in der Politik klar erkannte – und auch benannte. Nicht zur Freude meiner Freunde. Aber ich sollte Recht behalten, weil ich mich von den makroökonomischen Anfangserfolgen nicht blenden liess.

Ein Liberaler im Wechselbad der Zeiten

Ich habe in den letzten 30 Jahren viel geschrieben, vielleicht zu viel, was die Themenvielfalt angeht, nämlich 33 Bücher und Hunderte von Buchbeiträgen, Broschüren, wissenschaftlichen Artikeln und auch Pamphlete oder Streitschriften. Die Vorträge habe ich schon lange nicht mehr gezählt. Damit hatte ich weniger die wissenschaftliche Gemeinschaft im Visier als vielmehr eine breite Öffentlichkeit, dies im krassen Gegensatz zu Bruno S. Frey. Auch als Zeitungsschreiber lasse ich meine beiden Freunde quantitativ wohl klar hinter mir – um den Preis eines relativ schlechten Rankings in sogenannten referierten Zeitschriften. In diesen habe ich nur vereinzelt publiziert, nicht zuletzt, um den Kollegen zu beweisen, dass ich das auch schaffe, wenn ich wirklich will. Doch wie viele Menschen habe ich mit meiner breit gestreuten Publizität erreicht und (ein wenig) beeinflusst? Illusionen über den Wirkungsgrad mache ich mir keine. Die Medien sind und bleiben eher von linksintellektuellen und moralisierenden Elementen beherrscht. Liberale Gedanken haben einen schweren Stand in einer Flut von Ideologie, Interessen und Emotionen. Ob es die Naturwissenschaften wirklich besser haben, ist zu bezweifeln. So schrieb mir kürzlich mein Kollege Gottfried Schatz, wie schwierig es sei, Menschen mit wissenschaftlichen Argumenten zu überzeugen, die an Homöopathie oder Astrologie glauben. Und dies sei doch eher die Mehrheit! In den dunklen Stunden würde ich den Prozentsatz der wirtschaftspolitischen «Astrologen und Homöopathen» auf dem wirtschaftspolitischen Parkett deutlich höher einstufen. Aber in den (vorwiegend) heiteren Stunden gewinnt die Einsicht, dass der Liberalismus nie eine Massenbewegung war – und sein wird. Es genügt, wenn eine kritische Masse freiheitlicher Gedanken und Kräfte vorhanden ist. Liberale Konzepte sind so erfolgreich, dass sie – wie in China – selbst in einer kommunistischen Verpackung Überhand nehmen. Langfristig gewinnt der Markt (fast) immer und zwingt Gutmenschen, Sozialisten, Interventionisten usw. zum Rückzug. Ihre Rhetorik überdauert, aber die Realitäten ändern sich und mit ihnen die

Politik. Im Falle der Schweiz verläuft der politische Wandel jedoch sehr harzig und stockend, wofür ich die Institutionen Referendum und Initiative als «Mütter aller Sonderfälle» zu erkennen glaube, was ich aber nicht wirklich beweisen kann. Im Gegensatz zu früher bin ich heute eher geneigt, das Abgleiten der demokratischen Willensbildung in Verharrungszustände und Umverteilungsleerläufe als ein Allgemeines zu betrachten, das sich auch in andern Systemen ausprägen kann. Ich bin schon froh, wenn wir hierzulande vom fundamentalen Glauben abrücken, unsere direkte Demokratie sei gegen schädliches «rent-seeking» und «logrolling» immun oder auch nur resistenter, was gewisse Kollegen wissenschaftlich zu untermauern vorgeben. Ob der konjunkturelle Aufschwung eher die Ängste vor liberalen Reformen reduziert oder die Umverteilungsmaschinerie noch besser schmiert? Aus heutiger Sicht ist beides möglich, wie zum Beispiel die Koppelung der «flankierenden Massnahmen» an die «Freizügigkeit» plastisch aufzeigt. Wir stehen momentan sowohl auf dem Gas- wie dem Bremspedal.

Trotz dem Vertrauen in die Marktkräfte fällt der Blick zurück auf die vergangenen Jahrzehnte auch auf Nachdenkliches. Es scheint, dass der Höhepunkt der (meinetwegen) neoliberalen Erneuerung überschritten ist. Reagan und Thatcher sind Geschichte. Der Tony-Blair-Express ist arg ins Stocken geraten, und die Präsidentschaft Bush hat den Antiamerikanismus neu aufleben lassen. Dies schliesst eben auch die Ablehnung liberaler Grundwerte mit ein. In Europa und Lateinamerika breitet sich eine «Globalisierungs-Müdigkeit» aus. Der Sozialismus hat Aufwind, obwohl der Marxismus-Leninismus grandios gescheitert ist. Zentrale Planwirtschaft und Kollektiveigentum sind zu Grabe getragen worden. Doch idealistischere Versionen von «Dritten Wegen» sind hoch im Schwange, heissen sie nun «Soziale Demokratie» oder «Kommunitarismus». Der zweite grosse Feind des Liberalismus, die organisierten (Sonder-)Interessen, hat ebenfalls Auftrieb: durch die (vermeintliche) Ausweitung der partizipativen Demokratie zum einen und den Populismus zum andern. Die (unselige) Suche nach (nochmals) neuen Kombinationen von Liberalismus und Sozialismus läuft schon wieder auf hohen Touren. Isolationistische, protektionistische und interventionistische Strömungen werden im Windschatten der weltpolitischen Entwicklung stärker. Die USA sind auch die Weltmacht der liberalen Demokratie und Marktwirtschaft. Ein neuer Franklin Delano Roosevelt im Weissen Haus in den nächsten zehn Jahren ist eine Option, die nicht ganz unwahrscheinlich ist und gefährliche globale Konsequenzen nach sich ziehen könnte. Auch in der EU könnten die liberalen Triebfedern «Wettbewerb der Systeme» und «Subsidiarität» noch ganz erlahmen und so als Herausforderung für uns auch ganz wegfallen. China war und wird nie wirklich liberal, Russland ist weit davon entfernt und scheint sich eher weiter zu entfernen.

Das Paradoxe an unseren eigenen Linken und Grünen von heute ist, dass sie nicht mehr auf Nullwachstum pochen, sondern im Gegenteil hohes Wachstum als gottgegeben voraussetzen und deshalb schon im Voraus verteilen. Wer aufgrund der seit einer Generation nicht wegzuleugnenden Wachstumsschwäche der Schweiz sich kritische Gedanken über die Zukunft macht und es gar noch wagt, «heilige Kühe» infrage zu stellen, der wird als «Niedergangs-Prophet» und «Neoliberalismus-Apologet» abgestempelt. Für jemand wie mich, der schon als Assistent gegen die Achtundsechziger antreten musste, ist es wohl die paradoxeste politische Überraschung, dass die «Linken», die aus dem Staat damals «Gurkensalat» machen wollten, heutzutage diesen wuchernden Interventions- und Umverteilungsstaat mit geradezu religiösem Dogmatismus durch dick und dünn verteidigen.

Werkliste (Auswahl)

2004. Institutional Efficiency and its Determinants. OECD Publications: Paris (mit Bodmer Frank/Kobler Markus).
2003a. Ökonomisches Gelächter. Verlag Rüegger: Chur/Zürich.
2003b. Wohlstand ohne Wachstum – eine Schweizer Illusion. Avenir Suisse: Zürich (mit Bodmer Frank) 2002. Strength and commitment of the state: It takes

two to tango – A case study of economic reforms in Argentina in the 1990s, in: Public Choice. Kluwer Academic Publishers: The Netherlands, 03/2002 (mit Kobler Markus).
2001. Die Liberalisierung des Strommarktes in der Schweiz. Verlag Rüegger: Chur/Zürich (mit Bodmer Frank).
1998. The Political Dimension of Economic Growth. Macmillan Press Ltd./St. Martin's Press Inc.: London/New York (mit Paldam Martin (Hrsg.).
Borner Silvio/Rentsch Hans (Hrsg.)
1997a. Wieviel direkte Demokratie verträgt die Schweiz? Verlag Rüegger: Chur/Zürich.
Borner Silvio/Dietler Frank/Mumenthaler Stephan
1997b. Die internationale Wettbewerbsfähigkeit der Schweiz. Irrungen – Verwirrungen – Auswege. Verlag Rüegger: Chur/Zürich.
1996. Securing Stability and Growth in a Shock-Prone Region: The Policy Challenge for Latin America, in: Securing Stability and Growth in Latin America. Hausmann R./Reisen H. (Hrsg.). OECD Development Center.
1996. Internationale Wettbewerbsfähigkeit der Schweiz im Spannungsfeld von Produktivität und Standortwettbewerb, in: WWZ-Forschungsbericht 04/1996 (mit Mumenthaler Stephan/Dietler Frank).
Borner Silvio/Baldi Marino/Biaggini Giovanni/Brunetti Aymo/Rhinow René/Ruffner Markus/Weder Rolf/Zäch Roger/Zweifel Peter
1995a. Grundfragen der schweizerischen Kartellrechtsreform. Verlag Dike: St. Gallen.
1995. Political Credibility and Economic Development. Macmillan/St. Martins Press: London (mit Brunetti Aymo/Weder Beatrice).
1995. Policy Reform and Institutional Uncertainty: The Case of Nicaragua, in: Kyklos. Vol. 48/1995. Fasc. 1. Helbing & Lichtenhahn Verlag AG: Basel. S. 43–64 (mit Brunetti Aymo/Weder Beatrice).
1994. Die Schweiz im Alleingang. Verlag Neue Zürcher Zeitung: Zürich (mit Brunetti Aymo/Straubhaar Thomas).
1993. Institutional and Constitutional Preconditions for Growth Effect Resulting from European Integration, in: Building the New Europe. Volume I: The Single Market and Monetary Unification. Baldassarri M./Mundell R. (Hrsg.). St. Martin's Press: New York. S. 91–108.
1992. The European Community after 1992. Perspectives from the Outside. Macmillan Press: Houndmills/London (Grubel H. (Hrsg.).
Borner Silvio/Scheidegger E./Straubhaar Thomas/Rittaler J.
1991a. Das neue Fernmeldegesetz: Europäisches Kleid oder Schweizer Korsett? Deregulierung des europäischen Telekommunikationssektors. Chance und Herausforderung für die Schweiz. Verlag Rüegger: Chur/Zürich.
1991b. Internationale Wettbewerbsvorteile: Ein strategisches Konzept für die Schweiz. Campus Verlag: Frankfurt/New York (mit Porter M. E./Weder Rolf/Enright M.).
1990. Schweiz AG. Vom Sonderfall zum Sanierungsfall? Verlag Neue Zürcher Zeitung: Zürich (mit Brunetti Aymo/Straubhaar Thomas).
Borner Silvio (Hg.)
1988a. International Finance and Trade in a Polycentric World. Proceedings of a Conference held in Basle by the International Economic Association. Macmillan Press: London.

Borner Silvio/Hauser/Schmid/Sommer
1988b. Die Sanierung der OEKK. Analysen und Reformvorschläge für die öffentliche Krankenkasse von Basel-Stadt. Basler Sozialökonomische Studien Bd.34. Verlag Rüegger: Grüsch.

Borner Silvio / Bürgin R. / Birrer M.
1986a Der schweizerische Weinskandal. Eine ökonomische Analyse der Einfuhr- und Marktregulierung. Verlag Rüegger: Grüsch.

Borner Silvio
1986b. New Forums of Internationalization: An Assessment in the Light of Swiss Experience. Springer-Verlag: Heidelberg.

Borner Silvio
1986c. Internationalization of Industry. An Assessment in the Light of a Small Open Economy (Switzerland). Springer-Verlag: Heidelberg.

1984. Die «Sechste Schweiz» – Überleben auf dem Weltmarkt. Verlag Orell-Füssli: Zürich (mit Wehrle F.).

Borner Silvio/Frey R. L.
1983. Strukturanalyse des Gesundheitswesens von Basel-Stadt. Basler Sozialökonomische Studien Bd.20. Verlag Rüegger: Diessenhofen.

Borner Silvio
1981. Sachzwänge und Gestaltungsräume des Unternehmers von morgen. Verlag Birkhäuser: Basel.

Borner Silvio/Meyer W.
1979. Was meint der Ökonom dazu? Beiträge zu wirtschaftspolitischen Fragen der Gegenwart. Buchverlag Basler Zeitung: Basel.

Borner Silvio/Würgler H.
1978. Schweizerische Stabilisierungs- und Finanzpolitik. Grundlagen und Vorschläge für eine Reform der lang-, mittel- und kurzfristigen Finanzpolitik. Verlag Rüegger: Diessenhofen.

Borner Silvio
1977. Amerikanische Stabilitätspolitik seit 1946: Strategien und Erfahrungen des Council of Economic Advisers. Verlag Paul Haupt: Bern.

Borner Silvio
1975b. Auf der Suche nach neuen Grundlagen der Wirtschaftspolitik. Drei kritische Beiträge zu Grundfragen der Wirtschaftspolitik und ihren Hintergründen. Verlag Rüegger: Diessenhofen.

Borner Silvio
1975a. Wissenschaftliche Ökonomik und politische Aktion; Politische Ökonomie der professionellen Beratung der Wirtschaftspolitik. Verlag Paul Haupt: Bern.

Bruno S. Frey

Glück, Krieg, Kunst – (fast) alles lässt sich ökonomisch erklären

Man stellt mir häufig die Frage: «Warum haben Sie Volkswirtschaftslehre studiert?». In der Schule hatte ich mich vor allem für Politik und Geschichte interessiert, aber ich wusste auch, dass man mit diesen Fächern bestenfalls Lehrer werden könnte. Deshalb schwankte ich dann zwischen Rechtswissenschaft und Volkswirtschaft. Allerdings wusste ich von beiden nur sehr wenig. Ein Grund dafür ist, dass es in meiner Familie keinerlei Akademiker gab; mein Bruder René war der Erste der Familie, der eine Matur hatte und studierte. Meine Studienentscheidung wurde deshalb wesentlich durch ihn beeinflusst, der ein Semester zuvor mit Nationalökonomie angefangen hatte (und später dann Professor an der Universität Basel werden sollte). Er berichtete mir so begeistert von den Professoren und deren Vorlesungen, dass ich angesteckt wurde. Ein wesentlicher Faktor für diese Entscheidung war auch, dass mein Bruder das Lehrbuch «Economics» von Paul Samuelson besass und benützte, und auch ich fand es sehr spannend. So begann also mein Studium mit den Büchern meines Bruders.

Konjunkturlenkung oder Wachstumspolitik

Am Anfang war für mich Nationalökonomie identisch mit keynesianischer Theorie. Während meines Studiums an der Universität Basel zwischen 1960 und 1965 wurde wirtschaftliche Aktivität mit den Geldströmen zwischen den Sektoren «private Haushalte, Firmen, Staat und Ausland» erfasst. Dieser Kreislauf wurde vor allem durch das Verhältnis zwischen der Investitionsquote und den Sparquoten der verschiedenen Sektoren beeinflusst. Die Höhe des Sozialprodukts, die Verteilung des Einkommens zwischen den Gruppen und das Wachstum wurden nachfrageseitig erklärt.

Diese Vorstellungen wurden mir durch Gottfried Bombach vermittelt, der ein hervorragender Hochschullehrer war und zu jener Zeit zu den absolut führenden Ökonomen im deutschen Sprachgebiet zählte. Er hatte die Fähigkeit, Laien auch komplizierte wirtschaftliche Sachverhalte verständlich zu machen. Seine Skepsis gegenüber einer immer stärker die mathematischen Seiten der Naturwissenschaften imitierenden Ökonomik habe ich übernommen, ebenso seine grundsätzlich empirische und problemorientierte Forschungsausrichtung. Bombach hat sich im Gegensatz zu andern Keynesianern schon früh für die Wachstumstheorie interessiert, wodurch mittels der Produktionsfunktion ein Angebotselement wichtig wurde, nicht nur das Management der Nachfrage. Ich versuchte diese Weiterentwicklung mit zu vollziehen, angeregt auch durch Carl Christian von Weizsäcker, der sich als Erster unter den Studierenden meines Faches international zu etablieren verstand. «International» hiess damals wie heute, in den Vereinigten Staaten wahrgenommen zu werden. Dennoch waren Studium und Forschung Anfang der 1960er-Jahre fast ausschliesslich auf den deutschen Sprachraum ausgerichtet.

Mein Studium an der Universität Basel war auch stark durch deren Professor Edgar Salin geprägt, der Nationalökonomie als eine allgemeine Gesellschafts- und Humanwissenschaft auffasste. Grenzen der Ökonomie gab es für ihn nicht. Ein grosser Teil meiner späteren Forschung ist diesem Bild meiner Wissenschaft verpflichtet. Allerdings habe ich dabei nicht wie Salin einen historischen Ansatz verwendet. Geblieben ist jedoch mein Interesse an geschichtlichen Themen. So habe ich viel später zum Beispiel zu erklären versucht, warum in der Geschichte Kriegsgefangene zuweilen fürchterlich schlecht – sie wurden zum Teil ohne Zögern umgebracht –, zuweilen aber erstaunlich gut – sie wurden unter Ehrenwort freigelassen – behandelt wurden (vgl. Buhofer und Frey 1987; Frey und Buhofer 1988). Ich habe auch untersucht, in welchem Ausmass die Kurse von Staatsobligationen den nachfolgenden Kriegsverlauf korrekt vorausgesagt haben (Kucher und Frey 1998; Frey und Kucher 2000). Dies ist zum Beispiel für die vernichtende Niederlage der Wehrmacht bei Stalingrad der Fall: Die Kurse für die deutschen Staatsobligationen sind bereits mehrere Monate vor der Kapitulation der 6. Armee am 2. Februar 1943, und damit vor der sinnlosen Aufopferung von Hunderttausenden von Soldaten signifikant gefallen.

Einen dritten grossen Einfluss auf meine nachfolgende Entwicklung verdanke ich dem leider viel zu früh verstorbenen Jacques Stohler. Er hat mich zum ersten Mal mit der modernen politischen Ökonomie vertraut gemacht, zu einem derer Vertreter ich heute zähle. Gleichzeitig wurde damit mein Interesse für das menschliche Verhalten geweckt, indem gefragt wurde, wodurch das Handeln von Politikern bestimmt wird. Die Antwort, dass es in einer Demokratie die Sicherung der Wiederwahl ist, halte ich auch heute noch unter vielen Bedingungen für völlig richtig. Für diese Betrachtung hatten die Ökonomen im englischen Cambridge, wo ich einige Zeit verbrachte, weder Interesse noch Verständnis. Während meines nachfolgenden dreijährigen Aufenthaltes in den Vereinigten Staaten galt zwar an führenden Universitäten (University of Pennsylvania, Princeton, Stanford) das Gleiche, aber ich kam an der University of Virginia in Kontakt mit James Buchanan (dem späteren Nobelpreisträger) und Gordon Tullock, den Begründern der Public-Choice-Schule.

Ökonomische Theorie der Politik

Nach der Rückkehr aus den Vereinigten Staaten habilitierte ich mich bei Gottfried Bombach in meiner akademischen Heimat, der Universität Basel. Nach kurzer Zeit erhielt ich gleichzeitig drei Rufe auf eine Professur: an die Universität des Saarlandes, von Konstanz und Fribourg. Die erste Universität hatte damals zwar einen vorzüglichen Ruf, aber die ganze Atmosphäre behagte mir wenig. Hingegen schwankte ich beträchtliche Zeit zwischen Konstanz und Fribourg. Die Letztere war mir besser vertraut, ich entschied mich aber für Konstanz, weil die dortige Universität jung, unkonventionell und dynamisch war.

Meine sieben Jahre in Konstanz prägen mich noch immer stark. Ich war einer der jüngsten Professoren der Volkswirtschaftslehre im deutschen Sprachraum (ich war 29-jährig) und benützte den mir gegebenen Spielraum extensiv. Ganz im Gegensatz zu meinen dortigen Kollegen baute ich an meinem Lehrstuhl mit meinen Assistenten eine eng verbundene Gruppe auf. Wir verbrachten ganze Tage mit der Diskussion uns fesselnder wissenschaftlicher Probleme und begannen auch zusammen zu publizieren, was damals ungewöhnlich, wenn nicht sogar suspekt war. Ich hatte das grosse Glück, hervorragende Mitarbeiter anziehen zu können: Beat Blankart, Werner Pommerehne (der leider bereits vor zehn Jahren starb), Friedrich Schneider, Gebhard Kirchgässner und Hannelore Weck-Hannemann. Heute belegen sie Lehrstühle in Berlin, Linz, St. Gallen und Innsbruck, aber wir sind noch in engem Kontakt miteinander. Wir treffen uns jährlich zu einer eigenen Tagung, bei der wir jeweils unsere heutigen Assistenten mitnehmen. Dadurch ist in völlig informeller Weise ein recht grosser Forschungsverbund entstanden, der für alle fruchtbar ist. Die jungen Forschenden werden an die Front der Wissenschaft herangeführt und profitieren von den Kontakten der Älteren, und wir Älteren erhalten Anregungen durch die Ideen und Projekte der Jüngeren.

An der Universität Konstanz begann ich mich als *politischer Ökonom* zu verstehen. Ich versuchte mithilfe der Wirtschaftstheorie den wirtschaftlichen und politischen Bereich der Gesellschaft miteinander zu verbinden. Vor allem im deutschsprachigen Raum schlug mir dabei offene Ablehnung entgegen. Die damals führenden Professoren der Volkswirtschaftslehre fürchteten eine Verwässerung der «reinen» neoklassischen Lehre und nicht wenige unter ihnen waren unfähig, die moderne Politische Ökonomie vom Marxismus zu unterscheiden. Auch die damals mächtigen Marxisten verwarfen diesen neuen Ansatz grundsätzlich. Es hat einige

Jahre gedauert, bis Public Choice als ernsthafte Wissenschaft anerkannt wurde. Typischerweise hat sich dieser englische Ausdruck für Politische Ökonomie im Gefolge einer sich immer stärker an die USA orientierte und imitierende Wirtschaftswissenschaft durchgesetzt.

Heute ist die Politische Ökonomie unbestreitbar ein Teil der Ökonomie: Es gibt spezialisierte Gesellschaften *(Public Choice Society)* und Zeitschriften, häufige Tagungen zum Thema, Hunderte von Büchern, aber vor allem auch unzählige Aufsätze. Dennoch glaube ich, dass die politische Ökonomie in einem wesentlichen Bereich *nicht* erfolgreich war. Die meisten, gerade auch jüngere, Wirtschaftswissenschaftler maximieren in ihren Modellen auch noch heute ohne Bedenken eine gesellschaftliche Wohlfahrtsfunktion. Damit wird unterstellt, «die Regierung» (sie wird als Einheit genommen) verfolge das allgemeine Wohl *(«benevolent dictator approach»)*. Dabei wird die essenzielle Botschaft der Politischen Ökonomie vernachlässigt, wonach Politiker und Bürokraten ihren *eigenen* Nutzen zu fördern trachten. Deshalb muss überlegt werden, in welcher Weise Anreize gesetzt werden müssen, damit die Politiker und Bürokraten im eigenen Interesse veranlasst werden, den Nutzen der Individuen in ihrem Lande zu verfolgen. In Demokratien dienen dazu das Wiederwahlerfordernis und der föderative Wettbewerb. In der Schweiz zwingen überdies Initiativen und Referenden die politischen Anbieter, sich nach den Wünschen der Wähler zu richten.

Ist direkte Demokratie effizient?

Ich halte die direkte Demokratie und den Föderalismus für richtungweisende Institutionen der Zukunft, die gerade auch in einer Verfassung der Europäischen Union verankert sein sollten. In vielen Beiträgen habe ich diese Auffassung zu vertreten versucht (vgl. zum Beispiel Frey 1977, Frey und Kirchgässner 2002), allerdings mit geringem Erfolg. Wissenschaftler, die nur repräsentative Demokratien kennen, können sich kaum vorstellen, dass gerade in modernen Gesellschaften auch die wichtigsten politischen Entscheidungen durchs Volk gefällt werden. Sie sind überzeugt, dazu sei eine aufgeklärte Elite notwendig – und dazu zählen sie (überraschenderweise) die gewählten Politiker und Politikerinnen. Sie übersehen den vor der Abstimmung stattfindenden Austausch von Argumenten, an dem sich auch Fachleute beteiligen. Allzu häufig wird einfach behauptet, die direkte Demokratie sei vielleicht für die kleine Schweiz angemessen, aber in andern Ländern sei die Bevölkerung dazu nicht reif, denn sie sei zu wenig informiert und interessiert. Die Kausalität ist natürlich umgekehrt: Wenn den Wählern das Recht auf direkte Mitsprache gegeben wird, erhalten sie einen Anreiz, sich über die Probleme zu informieren und sich zu beteiligen. Diese Reaktion wurde deutlich, als die Wähler einiger Mitgliedsländer der Europäischen Union (zum Beispiel Frankreich, Dänemark) über wichtige Aspekte wie den Euro oder den Verfassungsentwurf abstimmen konnten. Die rege Diskussion hat zu einer hohen Beteiligung und gut informierten Wählenden geführt (vgl. auch Benz und Stutzer 2004).

Es ist noch viel Überzeugungsarbeit zu leisten, bis in andern Ländern die Vorteile der direkten Demokratie allgemein anerkannt werden und auch bei wirtschaftspolitischen Fragen Anwendung finden. Immerhin trägt die von meinen früheren und jetzigen Mitarbeitern gesammelte empirische Evidenz langsam Früchte. Zu nennen ist vor allem die Erkenntnis, dass in Kantonen mit weiter reichenden Beteiligungsmöglichkeiten die Beziehung zum Staat enger (und deshalb die Steuerhinterziehung geringer (Frey 1997a) und das Pro-Kopf-Einkommen höher sind (Kirchgässner, Feld und Savioz 1999). Gemäss einer noch neueren Untersuchung (Frey und Stutzer 2000a, 2002) sind Menschen mit ihrem Leben zufriedener oder glücklicher, wenn sie über mehr politische Mitbestimmung verfügen: Die getroffenen Entscheidungen entsprechen besser ihren Wünschen, und überdies wird die Möglichkeit der Mitsprache an sich geschätzt (prozeduraler Nutzen).

Viele Ökonomen sind nach wie vor beinahe instinktiv der Meinung, zentralisierte Entscheidungen seien besser als das

«Chaos» föderaler Entscheidungsfindung. Der Widerstand gegen den Föderalismus gründet sich häufig auf den Erfahrungen von Bundesstaaten wie etwa Deutschland oder Argentinien. In diesen Ländern kann jedoch keine Rede von einem richtig konstruierten Föderalismus sein, weil die Gliedstaaten keine (oder nur geringe) Steuerkompetenzen haben. Wenn Steuererhebung und Ausgaben auf je unterschiedlichen Ebenen stattfinden, ist es für jeden Gliedstaat rational, so viele Mittel wie möglich aus dem Zentralstaat herauszuholen (sogenanntes *rent seeking*). Das Ergebnis ist eine zu hohe Besteuerung der Bevölkerung und eine ineffiziente Verwendung der Steuermittel.

Manche Gegner des Föderalismus unterstellen ausgeprägte Skaleneffekte und/oder räumliche externe Effekte. Diese Argumente spielen auch in der Schweiz eine grosse Rolle, wenn die Kantonsregierungen versuchen, die Zahl der Gemeinden zu verringern. Das Gleiche gilt für die Vorschläge, die 26 Kantone auf eine kleinere Zahl (zum Beispiel neun) zu reduzieren. In einem gemeinsam mit Reiner Eichenberger entwickelten Konzept (FOCJ, d. h. «*Functional, Overlapping Competing Jurisdictions*») wird diesen Bedenken Rechung getragen (Frey und Eichenberger 1998, 1999, 2000). In denjenigen funktionalen Bereichen, in denen Skaleneffekte und/oder räumliche externe Effekte ausgeprägt sind, sollen die bestehenden Gemeinden und Kantone demokratisch kontrollierte und mit Steuerhoheit ausgestattete Zweckeinrichtungen aufbauen. Dieser Vorschlag wird zwar häufig abgelehnt, scheint aber allmählich vermehrte Unterstützung zu finden. In der Tat weist er den grossen Vorteil auf, dass die historisch gewachsenen und bürgernahen Jurisdiktionen aufrechterhalten bleiben können, gleichzeitig aber den Anforderungen der heutigen Zeit entsprochen wird.

Kreative Kooperation in Zürich

Im Jahre 1970 eröffnete sich für mich die Möglichkeit, entweder an der Universität Basel oder Zürich eine Professur zu übernehmen. Ich fühle mich mit meiner Heimatuniversität Basel eng verbunden, aber ich hatte doch das Gefühl, dass ich neben meinem Bruder René, der dort inzwischen Ordinarius geworden war (und mit dem ich mich hervorragend verstehe), und meinem verehrten akademischen Lehrer Gottfried Bombach doch weniger Raum für Eigenständigkeit gehabt hätte. So entschied ich mich für Zürich, wo damals fünf ehemalige Assistenten von Jürg Niehans Professuren innehatten und ich einer der ganz wenigen «Aussenseiter» war. Tatsächlich gewann ich an der Universität Zürich den gewünschten Freiraum, was ich äusserst schätzte (und noch immer schätze), weil es mir ermöglichte, die enge Zusammenarbeit mit meinen Assistierenden fortzusetzen. Ich konnte meine Konstanzer Mitarbeiter mitnehmen, und da wir einige Jahre lang noch in Konstanz lebten, gründeten wir die wohl einzige «Wissenschaftskommune»: Wir wohnten während der Woche alle zusammen in Zürich und verbrachten ganze Nächte mit heftigen akademischen Diskussionen oder arbeiteten an gemeinsamen Aufsätzen. Diese gemeinsamen Jahre erwiesen sich als äusserst fruchtbar, und langsam begann die Fachwelt unsere Arbeiten ernster zu nehmen. Ein wesentlicher Grund dafür war sicherlich, dass wir auf der einen Seite eng zusammen arbeiteten, auf der andern Seite unsere Ergebnisse aber auf vielen wissenschaftlichen Tagungen zur Diskussion stellten. Aus dieser Zeit stammt meine Vorliebe für Konferenzbesuche. Ich kenne keinen andern Wissenschaftler meines Faches, der so oft an Tagungen teilnimmt wie ich. Die wissenschaftliche Auseinandersetzung macht mir Freude. Darüber hinaus reise ich gerne und sehe fremde Länder und Kulturen, eine Leidenschaft, die ich mit meinem früheren Assistenten Friedrich Schneider teile.

Die Zusammensetzung der (später nur noch virtuellen) «Wissenschaftskommune» änderte sich natürlich über die Zeit wesentlich. Eines der Erfolgsrezepte war, dass trotz des engen

Zusammenhaltes immer auch wieder neue Mitglieder willkommen geheissen wurden. Aus den späteren Generationen Mitarbeitender möchte ich zwei hervorheben, die einen unterschiedlichen Weg verfolgten, auf deren Leistung ich aber besonders stolz bin. Eine Generation verfolgte ganz den akademischen Weg: Reiner Eichenberger ist nun Professor an der Universität Fribourg und Iris Bohnet und Felix Oberholzer sind in die Vereinigten Staaten ausgewandert und wurden Professoren an der Universität Harvard. Eine andere Generation begeisterte sich für den Journalismus, was mir selbst als ehemaligem Kolumnisten der *NZZ am Sonntag* besonders nahe steht: Beat Gygi und Angel Serna sind bei der *Neuen Zürcher Zeitung*, wozu etwas später auch Matthias Benz stiess. Besonders viel Freude macht es mir, dass ich auch heute noch mit meinen Mitarbeitenden zusammen forschen und publizieren kann. Besonders intensiv mit Alois Stutzer (der soeben eine Professur an meiner Heimatuniversität Basel übernommen hat), aber auch mit Christine Benesch, Simon Lüchinger und Susanne Neckermann.

Ökonomie und Umwelt, Kunst, Glück, Krieg

An der Universität Zürich begann ich den ökonomischen Denkansatz über Wirtschaft und Politik hinaus auf viele unterschiedliche Gebiete anzuwenden. Noch in Konstanz hatte ich Anfang der 1970er-Jahre das erste deutschsprachige Lehrbuch zur *Umweltökonomie* verfasst (Frey 1972). Dieser Zweig der Wirtschaftswissenschaft wird heute an allen Hochschulen gelehrt. Die typisch ökonomischen Instrumente, die mithilfe von Änderungen der relativen Preise ein umweltschonendes Verhalten bewirken, wurden anfangs durch Umweltschützer hart bekämpft. Heute haben sie eingesehen, dass sie in der Tat effizient sind. Ähnlich negativ war ursprünglich die Einstellung etwa gegenüber den Staugebühren (road pricing). Nicht wenige Politiker und Politikerinnen behaupteten ohne jeden Beleg, dadurch liesse sich das Verhalten der Autofahrer nicht verändern. Das recht erfolgreiche Experiment der in London eingeführten Strassengebühren führt aber allmählich zu einem Umdenken. Es ist zu hoffen, dass auch in der Schweiz deren Vorteile erkannt werden, anstatt zu versuchen, dem Stau mittels immer weiteren Strassen- und Tunnelbauten zu begegnen, was erfolglos sein muss.

Besonderes Vergnügen hat mir immer die *Ökonomik der Kunst* bereitet. Sie hat zwar einige gewichtige Vorläufer wie Keynes und Robbins, hat sich aber erst in den letzten Jahrzehnten richtig entwickelt. Zwar gibt es eine wissenschaftliche Gesellschaft und eine entsprechende Zeitschrift (*Association for Cultural Economics, International* und *Journal of Cultural Economics*), aber noch heute wissen selbst professionelle Ökonomen nicht, dass diese Disziplin überhaupt existiert. Deshalb kann man auch den in der Kunstwelt tätigen Personen (den Intendanten, Museumsdirektoren und Kuratoren, den Kunsthändlern und Auktionären sowie den Künstlern selbst) keinen Vorwurf machen, wenn ihnen unbekannt ist, dass sich Ökonomen auch mit Kunst beschäftigen. Dennoch mutet es zuweilen seltsam an, wie viele unter diesen Personen, die nicht die geringsten Kenntnisse der Wirtschaftswissenschaft haben, völlig überzeugt Meinungen vertreten, die einen Ökonomen erschaudern lassen (es ist etwa so, wie wenn ich glaubte, eine Oper inszenieren zu können). Selbstverständlich gibt es einige Personen in der Kunstwelt, welche die Notwendigkeit sehen, sich von der Volks- und Betriebswirtschaftslehre beraten zu lassen, weil sie die starke Abhängigkeit der Kunst von der Wirtschaft deutlich sehen. Die Ökonomik kann meines Erachtens bedeutende Beiträge zur Nachfrage nach und zum Angebot an Kunst liefern (was in Frey und Pommerehne 1993; Frey und Eichenberger 1995; Frey 2000 zu zeigen versucht wurde). Dazu gehören auch die nach Ansicht der meisten Kunstschaffenden abwegigen Ansichten, wie zum Beispiel, dass ein Abstellen auf die Umwegrentabilität für die Kunst verderblich ist; Investitionen in Kunstwerke aus rein finanzieller Sicht in der Regel weniger rentabel sind als Investitionen in Finanzaktiva; oder Kunstgutscheine ein geeignetes Mittel sein können, kreative Kunst zu fördern.

Mich hat seit je gewundert, wie wenig Aufmerksamkeit die Wirtschaftswissenschaften der Förderung des Friedens beimisst. Sowohl ein Bürgerkrieg als auch ein militärischer Konflikt werfen die wirtschaftliche Entwicklung oft um Jahrzehnte zurück. Nicht alle Nationen profitieren von so günstigen Bedingungen wie Deutschland und Japan nach dem Zweiten Weltkrieg, die sich deshalb rasch erholen konnten. Zur *Friedensforschung* im weiteren Sinne gehört auch der Umgang mit dem Terrorismus. Dessen wirtschaftliche Auswirkungen auf den Tourismus, die Direktinvestitionen und auf die Staatsausgaben sind erheblich. Noch wesentlicher ist jedoch die Einbusse an Lebensqualität der davon betroffenen Bevölkerung. Meine Mitarbeiter und ich (Frey, Luechinger und Stutzer 2006) haben anhand von Masszahlen der subjektiven Lebenszufriedenheit errechnet, dass zum Beispiel Einwohner von Paris im Durchschnitt mehr als 10 Prozent ihres Einkommens zu zahlen bereit wären, wenn sie bei ansonst gleichen Bedingungen so wenig terroristischen Aktivitäten ausgesetzt wären wie die Bewohner im übrigen Frankreich. Oder, für die Annahme einer Beschäftigung in Nordirland hätte einer Person während der intensiven Konflikte sogar 40 Prozent mehr Lohn bezahlt werden müssen.

Die Volkswirtschaftslehre kann aber auch in einer viel allgemeineren Weise einen Beitrag zum Umgang mit dem Terrorismus liefern. Eine der wesentlichsten Einsichten ist die wohlfahrtssteigernde Wirkung des freiwilligen Tausches. Im Vergleich dazu führen Zwang und Ausschluss für *alle* Beteiligten zu einem schlechteren Ergebnis. In der Tat haben Untersuchungen immer wieder die negative Wirkung von Boykotten und andern Handelsbeschränkungen gezeigt (zum Beispiel bei Frey 1985). Sogar auf der individualpsychologischen Ebene führt der Markt zu einem zivilisierteren und damit friedfertigeren Verhalten (Montesquieu 1749; Hirschman 1977, 1982). In diesem Sinne führt eine Marktwirtschaft nicht nur zu produktiveren Ergebnissen, sondern ist auch friedensfördernd. Dieser Gedanke lässt sich auf die Bekämpfung des Terrorismus anwenden (Frey 2004). Anstelle des fast ausnahmslos betriebenen «Krieges» gegen den Terrorismus sollte vielmehr die Kraft des Tausches eingesetzt werden. Insbesondere sollten Personen, die sich in einem terroristischen Umfeld bewegen oder ihm verfallen könnten, durch positive Anreize bewegt werden, ihre politischen Anliegen auf demokratische Weise zu vertreten. Dies kann zum Beispiel versucht werden, indem ihnen attraktive Alternativen zum Terrorismus geboten werden, wozu auch die Möglichkeit zu einer legalen politischen Tätigkeit zählt. In der Tat lehrt die Geschichte, dass wohl alle terroristischen Bewegungen mittels Integration in die zivile Gesellschaft ihr Ende gefunden haben.

Homo oeconomicus, Staatsfunktionen und Managerbezüge

Meine intellektuelle Entwicklung ist stark durch die Interlakener Konferenz geprägt. Sie wurde von Karl Brunner ins Leben gerufen und geleitet und vereinigte jedes Jahr über rund ein Jahrzehnt hinweg einige bedeutende amerikanische Ökonomen wie Alan Meltzer, Armen Alchian, Harold Demsetz und James Buchanan. Wir Europäer waren, zumindest anfänglich, dieser akademischen Brillanz unterlegen, weil uns die bei den Amerikanern übliche kompromisslos harte mikroökonomische Art der Argumentation wenig bekannt war. Aber wir lernten alle viel, und nach einigen Jahren waren wir dann auch fähig, unsere Ansichten argumentativ zu vertreten. Die eingeladenen Amerikaner waren ausnahmslos liberale Ökonomen, die staatlichen Interventionen nichts abgewinnen konnten. Wo immer ein Malaise zu beobachten war, wurde es auf die direkte oder indirekte Wirkung schädlicher Staatseingriffe zurückgeführt. Dies war für uns Europäer, die zu dieser Zeit (es waren die achtziger und neunziger Jahre des 20. Jahrhunderts) kaum mehr etwas von den Neoliberalen à la Hayek oder Mieses wussten oder zumindest nichts von ihnen hielten, eine neue Botschaft. Wir lernten die Vorzüge von Märkten und die Nachteile staatlicher Entscheidungen von diesen hervorragenden Wissenschaftlern zu einer Zeit kennen, als in Europa links orientierte Akademiker en vogue waren.

Eine weitere Eigenheit der an der Interlakener Konferenz aktiven Amerikaner war deren absolutes Vertrauen in die Überlegenheit einer auf dem Rationalmodell aufbauenden Wirtschaftstheorie. Der Homo oeconomicus wurde nicht als Zerrbild betrachtet, sondern als ein Modell des Menschen, das uns erlaubt, jedes menschliche Verhalten sinnvoll zu erklären. Dieses anreizorientierte Denken wurde uns auf oft überraschende, zuweilen aber auch ärgerliche Weise, aber auf immer hohem intellektuellen Niveau vorgeführt.

Beide Elemente des von Brunner geleiteten Seminars haben mich fasziniert, gleichzeitig aber auch meinen Widerstandsgeist geweckt. Ich habe nie diese grundsätzliche Abneigung gegen den Staat verspürt, wie sie manche politisch rechts stehende Amerikaner verbreiten. Eine zu geringe staatliche Aktivität hat meiner Einschätzung nach schwerwiegende negative Folgen hinsichtlich aller drei klassischen Bereiche. Denn im Gegenteil, die Allokation der Ressourcen lässt sich insbesondere bei negativen externen Effekten, bei nicht bestehenden oder moralisch verwerflichen Märkten und bei monopolistischen Beschränkungen mittels Staatseingriffen verbessern; die öffentlichen Entscheidungsträger können bei klugem Verhalten die wirtschaftliche Tätigkeit stabilisieren; und schliesslich muss Sorge dazu getragen werden, dass die Spreizung der Markteinkommen nicht zu extrem wird. Hinzu kommen Einsichten aus der modernen psychologisch-ökonomischen Forschung, aus der deutlich wird, dass unter bestimmten Umständen die Individuen systematische Fehler begehen und diese von sich aus kaum korrigieren können (so etwa bei der Entscheidung zwischen Einkommen und Freizeit). Aus diesen Gründen halte ich die oft grundsätzlich geführte Diskussion über die Grenzen der Staatstätigkeit für wenig erhellend. Vielmehr sollte man sich Gedanken darüber machen, um *welchen* Staat es sich handelt. Einem föderal aufgebauten und direkt-demokratisch kontrollierten Staat können die Bürger und Bürgerinnen mehr Aufgaben zuweisen als einem zentralistischen und autoritär geführten Staat. Grundsätzlich muss «der Staat» immer als Ergebnis einer freiwilligen Vereinbarung der Mitglieder eines Volkes angesehen werden, die sich hinter dem Schleier der Ungewissheit, was für sie später daraus abfallen wird, darauf einigen, welche grundsätzlichen öffentlichen Institutionen bestehen und wie sie ausgestattet werden sollten.

Auch hinsichtlich der zweiten Eigenheit der Interlakener Konferenz habe ich im Verlauf meiner Forschungen eine andere Vorstellung entwickelt. Ich halte nach wie vor die Figur des Homo oeconomicus in weiten Bereichen für ein richtiges Modell des menschlichen Verhaltens. Es erlaubt uns in vielen Fällen Vorgänge sinnvoll zu erklären, die wir ansonsten nur durch Ad-hoc-Annahmen erklären können. Insbesondere gilt dies im öffentlichen Bereich, wo Politiker, Bürokraten und Verbandsvertreter ihr Verhalten fast ohne Ausnahme als im «Gemeinwohl» liegend darstellen. In aller Regel handeln sie jedoch eigennützig. Diese Motivation ist ihnen nicht anzukreiden, die Motive sollten aber nicht einfach akzeptiert werden. Vielmehr sollte über Möglichkeiten nachgedacht werden, auf welche Weise dieses eigennützige Verhalten im öffentlichen Bereich mittels geeigneter Institutionen (etwa Volksabstimmungen oder unabhängigen Gremien wie Notenbanken) zur Förderung der Wünsche der Bevölkerung ausgenützt werden kann. Die grosse Leistung von Adam Smith war es zu zeigen, dass der freie Markt eine Institution ist, bei der das eigennützige Streben der Menschen zu einer für alle günstigen wirtschaftlichen Produktion führt. Die Prinzipal-Agenten-Theorie hat diese Grundidee auf die Beziehungen innerhalb einer Firma übertragen: den Wettbewerb auf den Märkten für Produkte, Manager und Kapital sichern, sodass die Manager (als Agenten) im Interesse der Firmenbesitzer oder Aktionäre (als Prinzipale) handeln. Die Skandale und die explodierenden Einkünfte mancher Manager offenbaren jedoch die Schwächen dieser Märkte. In der Tat sind die erwähnten drei Märkte eher schwach entwickelt. Insbesondere ist der Markt für Übernahmen keineswegs so wirksam, wie er in der Vergangenheit häufig dargestellt wurde. Die Manager der von

Übernahmen bedrohten Firmen verfügen immer über eine grosse Zahl legaler und illegaler Mittel, um sich dagegen zu wehren. Auch der Managermarkt ist ungenügend kompetitiv; es handelt sich häufig um eine Art Kartell einer recht begrenzten Zahl von Personen, die sich privat und über Interessenorganisationen kennen. Aussenseiter haben es schwer, in diesen geschützten Markt einzudringen (vgl. Frey und Osterloh 2002). Diese Mängel nützen Politiker geschickt aus, indem sie in den Unternehmensprozess eingreifen und eine Fülle von Vorschriften erlassen. Es gibt jedoch auch eine ganz andere Möglichkeit, nämlich den Wettbewerb auf den drei genannten Märkten zu verstärken. Bemerkenswerterweise kann dazu vom staatlichen Bereich gelernt werden. Demokratien haben seit Jahrhunderten verschiedene institutionelle Möglichkeiten erprobt, auf welche Weise die Macht der Agenten – in diesem Falle der Exekutive – beschränkt werden kann. Dabei wurde wesentlich das Konzept des Wettbewerbs verwendet. Demokratie kann ja als Konkurrenz von Parteien um die Regierungsmacht verstanden werden (Downs 1957). Dieser Wettbewerb wird in einer Demokratie gestärkt, indem die Regierung nach (meist) vier Jahren *automatisch* zurücktreten muss – ausser sie erreicht in einer offenen Wahl, an der sich alle Parteien beteiligen können, wiederum eine Mehrheit (oder kann eine Koalition mit andern Parteien eingehen). In einigen Ländern (insbesondere in den USA) ist zudem nur eine Wiederwahl möglich, ganz unabhängig von den behaupteten oder tatsächlichen Verdiensten des Amtsinhabers. Dieser Prozess läuft in Aktiengesellschaften ganz anders. Der CEO bleibt im Amt, solange sich nicht eine Mehrheit im Verwaltungsrat (oder in Deutschland im Aufsichtsrat) findet, die ihn entlässt. Diese Gefahr ist jedoch recht gering, weil der CEO ein gewichtiges Wort mitspricht, wenn ein Posten in diesem Rat neu zu besetzen ist (häufig bestimmt er oder sie selbst, wer nachrückt). Die Aktienbesitzer können zwischen unterschiedlichen Personen weder eine Auswahl für das oberste Management noch für den Einsitz in den Verwaltungsrat treffen. Sie können nur die von einer kleinen Gruppe oder dem CEO allein getroffene Wahl abnicken. Ein uraltes Prinzip demokratischer Herrschaft ist zudem die Gewaltenteilung. In vielen, auch grossen Firmen ist noch heute dieses Prinzip nicht erfüllt, denn viele CEO sind gleichzeitig Vorsitzende des Verwaltungsrates. Die Demokratie sichert in dieser Hinsicht den Wettbewerb besser, als es heute *faktisch* die Aktiengesellschaften tun.

Geld ist nicht alles

Auch wenn der Homo oeconomicus in vielen Fällen ein richtiges Modell menschlichen Verhaltens darstellt, habe ich mich seit Anfang der 1990er-Jahre intensiv um dessen Verbesserung bemüht. Dazu ist es unumgänglich, Erkenntnisse anderer Wissenschaften, insbesondere der *Psychologie* und der *Soziologie* heranzuziehen. Besonders fasziniert hatten mich die von einigen Sozialpsychologen festgestellten *«hidden costs of reward»* (z. B. Deci, Koestner und Ryan 1999). Danach führt eine Belohnung unter bestimmten Umständen zu einer verminderten Anstrengung, weil die intrinsische Motivation untergraben wird. Damit tritt genau die gegenteilige Wirkung ein, den der relative Preiseffekt postuliert und auf dem die gesamte Mikroökonomie aufbaut. Ich habe diese Beziehung verallgemeinert und unter dem Begriff *«Verdrängungseffekt» (crowding out effect)* in die Wirtschaftstheorie eingeführt (in Publikationen 1992, 1997 und 2001). Es sind zwei gegenläufige Effekte zu unterscheiden: Der relative Preiseffekt führt immer zu einer Verstärkung der Anstrengung, während der Verdrängungseffekt nur dann in gegenläufiger Richtung aktiv wird, wenn die beteiligten Personen intrinsisch motiviert sind und der von aussen kommende Eingriff (die Belohnung) als «kontrollierend» aufgefasst wird. Der Verdrängungseffekt ist somit besonders dort wirksam, wo die Beteiligten eine hohe Arbeitsmoral aufweisen. Dazu zählen viele Tätigkeiten in Unternehmungen und in der Freiwilligenarbeit. Nach erheblichem Widerstand orthodoxer Ökonomen wird heute immer mehr anerkannt (Bénabou und Tirole 2004), dass intrinsische Motivation und deren Zusammenspiel mit der extrinsischen Motivation wichtig sind.

Ein besonders fruchtbares Zusammenwirken von psychologischer und ökonomischer Forschung vollzieht sich gegenwärtig auch in der *Glücksforschung*. Die Standardökonomik war sich zwar der begrenzten Aussagekraft des Sozialprodukts als Wohlfahrtsmass bewusst, hat aber den Schritt darüber hinaus vernachlässigt. Sie glaubte, dass Befragungen nicht vertraut werden kann und stellte deshalb auf das «*offenbarte Verhalten*» («revealed preference») ab, also auf das feststellbare Konsumverhalten. Sorgfältige Untersuchungen von Sozialpsychologen (Kahneman, Diener und Schwarz 1999) zeigen hingegen, dass Befragungen sehr wohl fähig sind zu erfassen, wie «glücklich» sich die Menschen fühlen (oder genauer, wie sie ihre Lebenszufriedenheit subjektiv einschätzen). Damit wird das Zwangskorsett des offenbarten Verhaltens verlassen und es eröffnen sich völlig neue Möglichkeiten. Zusammen mit meinen Mitarbeitern, vor allem Alois Stutzer, habe ich in den letzten Jahren zu zeigen versucht, welche neuen Einsichten sich für die Ökonomik gewinnen lassen. Es könnte sogar von einer *Revolution* in dreierlei Hinsicht gesprochen werden:

1. *Methodisch:* Individueller Nutzen ist kardinal messbar, sodass unterschiedliche Ergebnisse wirtschaftlichen Handelns untereinander und zwischen Personen verglichen werden können. Damit erst wird möglich, systematische Entscheidungsfehler von Individuen festzustellen und ihre Bedeutung einzuschätzen.
2. *Inhaltlich:* Die Glücksforschung zeigt auf, dass sich Personen höheren Einkommens zwar mit ihrem Leben etwas zufriedener zeigen, jedoch ein zunehmendes Realeinkommen die Lebenszufriedenheit längerfristig kaum steigert, weil sich die Leute rasch an eine höhere Lebensqualität gewöhnen und sich auch immer mit andern Personen vergleichen. Im Vergleich dazu hat Arbeitslosigkeit eine sehr starke Wirkung auf die Lebenszufriedenheit, selbst wenn der damit einhergehende Einkommensverlust berücksichtigt wird. Anhand der Schweiz konnten wir auch zeigen, dass die Institutionen

der direkten Demokratie und des Föderalismus die Lebenszufriedenheit steigern.
3. *Wirtschaftspolitisch:* Jede Person muss ihren eigenen Weg zum Glück finden. Deshalb ist die wichtigste Aufgabe des Staates, den Individuen dazu die bestmöglichen Bedingungen zu geben. Dazu gehört neben der Wahrung der Menschenrechte vor allem die Möglichkeit, aktiv an den politischen Entscheidungen mitzuwirken, wozu Initiativen und Referenden wesentlich beitragen.

Freiraum für Neugier ist alles

Die hier skizzierte Entwicklung zeigt, wie sehr sich meine Auffassungen im Laufe meiner Tätigkeit als akademischer Forscher und Lehrer gewandelt haben und wie sehr sie durch die intensive Zusammenarbeit mit den Mitgliedern meines Lehrstuhls geprägt sind. Ich halte deshalb das Lehrstuhlprinzip für ausserordentlich fruchtbar. Inhaltlich könnte der Unterschied zur anfänglich vertretenen keynesianischen Lehre nicht grösser sein. Dennoch zeigt sich eine Konstante, nämlich mein Versuch, gegenüber der herrschenden Lehre unkonventionelle Aspekte zu betonen und neue Richtungen einzuschlagen. Dies wurde mir möglich durch ein Wissenschaftssystem, das erlaubt, eigene Wege zu gehen, auch wenn sie anfänglich wenig erfolgreich erscheinen. Besonders dankbar bin ich auch für die Offenheit gegenüber Personen wie mir (und übrigens auch all meinen bisherigen Mitarbeitenden), die nicht in einer akademischen Umgebung gross geworden sind und trotzdem in der Wissenschaft willkommen geheissen wurden und sich entwickeln konnten.

Werkliste

2004. Dealing with Terrorism – Stick or Carrot?
Edward Elgar Publishing Limited.

2003. Arts & Economics. Analysis & Cultural Policy.
English Version: Springer Verlag: Berlin, Heidelberg, New York, 2nd edition.
Mit Übersetzungen ins Spanische, Katalanische und Taiwanesische.
2002. Theorie demokratischer Wirtschaftspolitik.
Vahlen: München, 3. Auflage (mit Gebhard Kirchgässner). Mit Übersetzungen ins Englische, Japanische, Spanische und Portugiesische.
2002. Managing Motivation: Wie Sie die neue Motivationsforschung für Ihr Unternehmen nutzen können (mit Margit Osterloh). Verlag Dr. Th. Gabler GmbH: Wiesbaden. Mit Übersetzung ins Englische.
2002. Happiness and Economics: How the Economy and Institutions Affect Human Well-Being (with Alois Stutzer). Princeton University Press: Princeton and Oxford. Mit Übersetzung ins Japanische.
2001. Inspiring Economics: Human Motivation in Political Economy. Edward Elgar Publishing Ltd.: Cheltenham, UK and Northampton, MA.
1999. The New Democratic Federalism for Europe.
Functional, Overlapping and Competing Jurisdictions (mit Reiner Eichenberger). Edward Elgar Publishing Ltd.: Cheltenham.
1997. Markt und Motivation. Wie ökonomische Anreize die (Arbeits-)Moral verdrängen. Vahlen: München.
Mit Übersetzung ins Englische: Not Just For the Money. An Economic Theory of Personal Motivation. Edward Elgar Publishing Ltd.: Cheltenham.
Mit Übersetzung ins Italienische.
1993. Muses and Markets. Explorations in the Economics of the Arts (mit Werner W. Pommerehne).
Basil Blackwell: Oxford, 2. Auflage. Mit Übersetzungen ins Italienische, Französische, Galizische und Slowenische.
1992. Umweltökonomie. Vandenhoeck & Ruprecht: Göttingen, 3. erweiterte Auflage.
1990. Ökonomie ist Sozialwissenschaft. Die Anwendung der Ökonomie auf neue Gebiete. Vahlen: München. Mit Übersetzung ins Englische.
1985. International Political Economics. Basil Blackwell: Oxford und New York, 2. Auflage. Mit Übersetzungen ins Englische, Italienische, Japanische und Chinesische.
1977. Moderne Politische Ökonomie. Piper: München. Mit Übersetzungen ins Englische, Japanische, Portugiesische, Französische und Koreanische.

KURT SCHILTKNECHT

Der bewegte wirtschaftliche Rahmen

Seit ich mich Ende der 1950er-Jahre für Wirtschaftsfragen zu interessieren begann, haben sich die schweizerische Wirtschaft und das weltwirtschaftliche Umfeld nachhaltig verändert. Die schrittweise Liberalisierung des Welthandels und der internationalen Kapitalmärkte seit Ende der 1950er-Jahre brachten der Weltwirtschaft einen gewaltigen Wachstumsschub. Der wirtschaftliche und politische Zusammenschluss der europäischen Länder schuf eine neue Basis für die Wirtschaft Europas. Der Zusammenbruch des Kommunismus in Osteuropa zu Beginn der 1990er-Jahre schuf neue Absatzmärkte, aber auch neue Konkurrenz. Weder die Einführung des Euro noch die Osterweiterung der EU haben die prognostizierten Wachstumsimpulse gebracht. Der wirtschaftliche Aufstieg der asiatischen Länder verschärfte den internationalen Wettbewerb, beschleunigte den Strukturwandel und führte in vielen Ländern zu Anpassungsproblemen.

Im Grossen und Ganzen entwickelte sich das weltwirtschaftliche Umfeld für die Schweiz vorteilhaft. Dennoch ging die hohe Wachstumsdynamik der schweizerischen Wirtschaft, welche die 1950er- und 1960er-Jahre gekennzeichnet hatte, immer mehr verloren. Seit den 1990er-Jahren ist die Schweiz, von einer kurzen Wachstumsphase abgesehen, mit einer mehr oder weniger stagnierenden oder wenig wachsenden Wirtschaft konfrontiert. Die Inflation, die zwischen 1960 und 1975 ein brennendes Wirtschaftsproblem in der Weltwirtschaft war, ist inzwischen bedeutungslos geworden. Die Zuwanderung ausländischer Arbeitskräfte, die der schweizerischen Wirtschaft in der Nachkriegszeit zu hohen Wachstumsraten und zu einem nachhaltigen Anstieg des Volkswohlstands verholfen hatte, wurde aus politischen Gründen gedrosselt. Ein heftig umstrittenes Thema war und ist das Verhältnis zwischen der Schweiz und der Europäischen Union. Grosse Veränderungen ergaben sich im Währungsbereich. Nach dem Zusammenbruch des Bretton-Woods-Systems Anfang der 1970er-Jahre und dem Übergang zu flexiblen Wechselkursen war die schweizerische Wirtschaft mit enormen Wechselkursschwankungen und einer dramatischen Aufwertung des Frankens konfrontiert. Seit einigen Jahren hat sich die Währungslage beruhigt. Die Einführung des Euro im Jahr 2002 hat das Wechselkursproblem zusätzlich entschärft. Statt «Überbeschäftigung», wie sie in den 1960er-Jahren vorherrschte, leidet die Schweiz wie alle andern Industrieländer seit 1975 unter einer hartnäckigen Arbeitslosigkeit und steigenden Soziallasten. Die Entwicklung der Industrieländer wurde auch durch das immer stärkere Umsichgreifen des Staates geprägt. In der Schweiz stieg die Staatsquote von knapp 10 Prozent im Jahr 1960 auf rund 50 Prozent am Anfang des 21. Jahrhunderts. Gleichzeitig nahm die Staatsverschuldung sowohl nominal, real wie auch pro Kopf der Bevölkerung laufend zu. Angesichts der dramatischen Veränderungen in Wirtschaft und Politik gab es in den letzten 40 Jahren reichlich Stoff für Artikel und Vorträge.

Die wirtschaftspolitische Prägung

Im Frühjahr 1961 begann ich mit dem Studium der Betriebs- und Volkswirtschaftslehre an der Universität Zürich. Mit dem Ziel vor Augen, später möglichst viel Geld zu verdienen, wählte ich Betriebswirtschaft als Hauptrichtung. Die Betriebswirtschaftler waren damals gesucht, und die volkswirtschaftliche Studienrichtung war weniger gefragt. Daran hat sich bis heute nichts geändert. Anfang der 1990er-Jahre bat mich mein früherer Arbeitskollege, Professor Peter Zweifel von der Universität Zürich, den Studienanfängern die Studienrichtung Volkswirtschaft aus der Sicht eines Bankiers schmackhaft zu machen. Ich erzählte den

Studenten, wie ich im Herbst 1978 als Leiter der Forschungsabteilung der Nationalbank einem Grossbankdirektor die Zusammenhänge zwischen Geldmengenwachstum, Inflationserwartungen und Zinssätzen erklärt habe. Damals wussten die wenigsten Banken, dass zwischen der Höhe der Inflationserwartungen und den Zinsen ein enger Zusammenhang besteht und dass die künftige Inflationsentwicklung mithilfe der Geldmengenentwicklung relativ zuverlässig prognostiziert werden kann. Eine starke Veränderung im Geldangebot eröffnete denjenigen, die mit diesen Zusammenhängen vertraut waren, die Möglichkeit, durch richtige Fristentransformationen grosse Gewinne im Zinsengeschäft zu erwirtschaften. Diese Chance nutzte der Grossbankdirektor, als die Schweizerische Nationalbank im Anschluss an die Wechselkurskrise von 1978 die Geldmenge enorm ausweiten musste und die Finanzmärkte mit Schweizerfranken überschwemmte. Die betreffende Grossbank entschied sich, sehr viel langfristiges Geld zu extrem niedrigen Zinsen aufzunehmen und dieses vorerst nur kurzfristig anzulegen. Als dann die langfristigen Zinsen erwartungsgemäss deutlich anstiegen, wurden die aufgenommenen Gelder wieder langfristig angelegt. Mit dieser Strategie konnte die Grossbank in den folgenden Jahren im Vergleich zu ihren Konkurrenten riesige Gewinne aus dem Zinsengeschäft erzielen. Als Dank für die Zinsberatung durfte ich beim nächsten Mittagessen mit dem Grossbankdirektor ein hervorragendes Glas Bordeaux trinken.

Dieses Beispiel schien zahlreiche Studenten von der Nützlichkeit des volkswirtschaftlichen Studiengangs überzeugt zu haben, denn nach Angaben von Professor Peter Zweifel fiel der Anteil der Studenten, die anschliessend Volkswirtschaft als Hauptstudienrichtung wählten, signifikant höher aus.

Meinen Entscheid, Volkswirtschaftler zu werden, traf ich wenige Wochen vor der Lizentiatsprüfung und nach der Niederschrift einer umfassenden Arbeit über die Organisation des Terminwesens in der schweizerischen Maschinenindustrie. Diese Arbeit und vor allem die zahlreichen in diesem Zusammenhang geführten Gespräche mit den für die Terminplanung verantwortlichen Direktoren haben mir das Spannungsfeld zwischen Theorie und Praxis offengelegt. Das Problem der Terminplanung fand ich im Gegensatz zur damaligen Organisationstheorie spannend. Viele Aussagen in der Organisationstheorie waren damals empirisch nicht oder nur schwach untermauert. Das Verhalten der Akteure in einer Unternehmung und ihre Interessen waren vielfach unzureichend modelliert und von einem simplen hierarchischen Denken geprägt.

Meine Begeisterung für die Volkswirtschaftstheorie und Wirtschaftspolitik hing vor allem damit zusammen, dass mit Professor Jürg Niehans und Professor Friedrich A. Lutz zwei hervorragende Wissenschaftler an der Universität Zürich unterrichteten. Beide konnten nicht nur die neusten Theorien vermitteln, sondern nahmen auch immer wieder Bezug auf aktuelle in- und ausländische Wirtschaftsprobleme. Als ich 1970 an der Universität Zürich und 1976 an der Universität Basel zu unterrichten begann, habe ich versucht, meine Vorlesungen und Seminare ähnlich zu gestalten und die in der Praxis gesammelten Erfahrungen in den Unterricht einzubauen.

Sowohl Professor Friedrich A. Lutz wie Professor Jürg Niehans waren überzeugte Vertreter der liberalen Schule. Deshalb standen auch immer marktwirtschaftliche Ansätze zur Lösung von Wirtschaftsproblemen im Vordergrund. Die liberale Grundhaltung der führenden Professoren war durch deren Erfahrungen mit der Weltwirtschaftskrise und dem Zweiten Weltkrieg geprägt. Die Desintegration der Weltwirtschaft zu Beginn des 20. Jahrhunderts und die Wirtschaftskrise zeigten, wohin Protektionismus, Inflation, die Abschottung der Länder und staatliche Eingriffe ins Wirtschaftsgeschehen führen. Das deutsche Wirtschaftswunder in der Nachkriegszeit führte umgekehrt mit aller Deutlichkeit vor Augen, welches unglaubliche Potenzial in einer freien Marktwirtschaft schlummert. Die Entscheidung von Ludwig Erhard, des damaligen deutschen Wirtschaftsministers, die Preiskontrollen auf einen Schlag aufzuheben, war für das unglaublich starke Wachstum der deutschen Nachkriegswirtschaft von entscheidender Bedeutung.

Das schweizerische Wirtschaftswachstum war in den 1960er-Jahren hoch, und eine riesige Zahl ausländischer Arbeitskräfte strömte in die Schweiz. Arbeitslosigkeit gab es damals ebenso wenig wie eine Arbeitslosenversicherung. Die Inflation im Jahr 1961 war zwar mit 1,9 Prozent noch relativ gering. Dennoch war die Inflation zu einem heftig diskutierten Politikum geworden. Die Schweizerische Nationalbank war mit einem für damalige Verhältnisse riesigen Zahlungsbilanzüberschuss konfrontiert. Damit bestand die Gefahr einer inflationären Geldmengenerhöhung. In der Presse und in der Politik wurde intensiv darüber diskutiert, wie eine Beschleunigung der Inflation vermieden werden könnte. Als Alternativen standen direkte Eingriffe in den Kapitalverkehr oder in die Bankaktivitäten (Kreditbegrenzung, Verzinsungsverbot), eine Aufwertung des Schweizerfrankens oder ein Übergang zu flexiblen Wechselkursen zur Diskussion. Professor Friedrich A. Lutz war einer der wenigen führenden Ökonomen auf der Welt, die bereits in den 1960er-Jahren für einen Übergang zu flexiblen Wechselkursen und für eine Aufgabe des sogenannten Bretton-Woods-Systems plädierten. Damals hätte sich wohl kaum jemand vorstellen können, dass 40 Jahre später China mit genau den gleichen monetären Problemen wie die Schweiz und Deutschland konfrontiert sein würde. Weniger erstaunlich ist es, dass die chinesische Notenbank in den letzten Jahren die in den 1960er- und 1970er-Jahren gemachten Erfahrungen der Schweiz und Deutschlands studiert hat. China scheint vorerst den Weg von Deutschland und der Schweiz in den 1960er-Jahren beschreiten zu wollen und zu versuchen, mit kleinen Aufwertungen, Devisenmarktinterventionen und internen monetären Massnahmen die Inflation im Griff zu halten. Die Furcht vor einer unkontrollierten Aufwertung bei einem Übergang zu flexiblen Wechselkursen und deren kurzfristigen negativen Folgen für Wachstum und Beschäftigung hält die chinesische Führung vorderhand von radikalen Schritten im Währungsbereich ab.

Ein Mann verändert die Geldpolitik: Karl Brunner

Anfang der 1970er-Jahre unterrichtete auch Professor Karl Brunner, der Vater des Monetarismus, an der Universität Zürich. Insbesondere seine wissenschaftstheoretischen Vorlesungen eröffneten mir neue Perspektiven. Seine kritische Einstellung zur traditionellen Geld- und Wirtschaftspolitik, seine Fokussierung auf Preisstabilität als einzig sinnvolles geldpolitisches Ziel und sein klares Bekenntnis zu marktwirtschaftlichen Lösungen in der Wirtschaftspolitik prägten meine wirtschaftspolitischen Vorstellungen nachhaltig. Während vielen Jahren profitierte ich von unzähligen Diskussionen mit ihm und seinen Kollegen. Insbesondere Professor Allan Meltzer, sein langjähriger Arbeitskollege, wurde ein wertvoller Gesprächspartner und Freund. Professor Karl Brunner gab mir die Chance, an wissenschaftlichen Konferenzen auf der ganzen Welt teilzunehmen und meine Arbeiten zu präsentieren. Die Liste der Ökonomen, die ich damals zu Beginn ihrer Karriere traf, ist lang.

Der Kontakt mit Professor Karl Brunner intensivierte sich nach meinem Eintritt in die Schweizerische Nationalbank. Fast jeden Tag telefonierte er aus den USA oder wo immer er sich aufhielt. Er diskutierte mit mir die Entscheidungen der Nationalbank oder wollte meine Meinung zu den Aktivitäten anderer Notenbanken, insbesondere der Deutschen Bundesbank, wissen. Er belieferte mich mit den neusten wissenschaftlichen Artikeln aus den USA. Damals dauerte es lange, bis neue Arbeiten aus den USA in Europa verfügbar waren.

 . Professor Karl Brunner war ein harter und fordernder Gesprächspartner. Wenn ich eine Aussage machte, der er nicht zustimmen konnte, forderte er mich auf, die empirische Evidenz für meine These zu liefern. Das bei vielen Ökonomen beliebte Argument, dass etwas, was möglich, was denkbar sei, deshalb auch zutreffend sein müsse, führte er mit Beispielen ad absurdum. So meinte er beispielsweise in seiner Vorlesung, dass es doch möglich sei, dass die Decke des Zimmers einstürzen könnte. Er wollte dann wissen, weshalb angesichts dieser Möglichkeit keiner der Studenten den Raum fluchtartig verlassen wolle. Professor Karl Brunner forderte mit provokativen Äusserungen seine Gesprächspartner heraus. Bezeichnend dafür ist die Art, wie er mich von der Grundaussage des Monetarismus überzeugte. Als ich die Meinung äusserte, dass Inflation vor allem auch die Folge von Kartellen und Gewerkschaften sei, widersprach er. Inflation sei nur ein monetäres Problem und immer die Folge einer zu starken Ausweitung der Notenbankgeldmenge. Wenn ich ihm ein einziges Land mit einer hohen Inflation zeigen könnte, in dem die Notenbankgeldmenge vorgängig nicht stark ausgeweitet worden sei, würde er mir sein ganzes Vermögen geben. In der Folge habe ich die Geldmengenstatistiken sehr vieler Länder studiert, doch Professor Karl Brunner konnte sein Vermögen behalten.

Mein Interesse an der Geldpolitik ist bis heute nicht abgeklungen, obwohl mit dem weltweiten Rückgang der Inflation und der Stabilisierung der Wechselkurse die Geldpolitik kaum mehr für Schlagzeilen sorgt. Dies ist allerdings ein gutes Zeichen für ihre heutige Qualität. Eine lang anhaltende Periode der Preisstabilität bringt es mit sich, dass das Interesse an Geldtheorie und Geldpolitik abnimmt. Heute steht die Finanzmarkttheorie hoch im Kurs. Je weniger Geldtheorie und -politik im Zentrum der Ausbildung stehen und je weniger geldpolitische Fragen in der Öffentlichkeit diskutiert werden, desto mehr nimmt die Gefahr zu, dass Inflation als geldpolitisches Problem bagatellisiert wird. Gegenwärtig lässt sich beobachten, dass die Notenbanken sich vermehrt mit Fragen beschäftigen, die nur am Rande etwas mit Geldpolitik zu tun haben. So ist beispielsweise die Finanzmarktstabilität zu einem Lieblingsthema der Notenbanken geworden.

Von der Wissenschaft zur Praxis

Im Jahre 1966 begann ich unter Leitung von Professor Jürg Niehans mit einer Dissertation über die «Beurteilung der Gentlemen's Agreements und Konjunkturbeschlüsse der Jahre 1954–1966 unter besonderer Berücksichtigung der Auslandgelder». Als Professor

Jürg Niehans einem Ruf an die John's Hopkins University in Baltimore folgte, übernahm Professor Friedrich A. Lutz die Betreuung meiner Dissertation. Im Zusammenhang mit meiner Arbeit las ich wichtige Artikel wie beispielsweise von Milton Friedman über die Quantitätstheorie und die Geldnachfrage, von Karl Brunner über «Institutions, Policy and Monetary Analysis», oder von James Tobin und Harry M. Markowitz über die Portfolio-Theorie. Diese theoretischen Durchbrüche waren nicht nur für meine Dissertation, sondern auch für meine spätere Tätigkeit bei der Nationalbank und im Bankenbereich ausserordentlich wertvoll.

Neben der Niederschrift der Dissertation arbeitete ich am Institut für Wirtschaftsforschung. Dieses wurde damals von Professor Hans Würgler geleitet. Er förderte nicht nur meine wissenschaftliche Arbeit und meine Weiterbildung, sondern eröffnete mir immer wieder die Möglichkeit, bei interessanten wirtschaftspolitischen Fragen mitzuarbeiten. Als Präsident der Kommission für Konjunkturfragen verfügte er über ausgezeichnete Kontakte zur Politik, zur Bundesverwaltung, zur Schweizerischen Nationalbank und zur Wirtschaft. Im Jahr 1969 musste ich als erste grössere Aufgabe die Zweckmässigkeit der privaten Arbeitsbeschaffungsreserven als Stabilisierungsinstrument beurteilen. Die privaten Arbeitsbeschaffungsreserven waren eine typisch schweizerische Erfindung auf halbprivatwirtschaftlicher Basis. Das Interessante an der Arbeit bestand für mich darin, dass ich die aus einem einfachen theoretisches Modell abgeleiteten Resultate mit Vertretern derjenigen Unternehmungen diskutieren konnte, die beim System der privaten Arbeitsbeschaffungsreserven mitgemacht hatten. Viele der Ideen, auf denen die privaten Arbeitsbeschaffungsreserven beruhten, waren gut gemeint, entbehrten aber jeglicher wirtschaftswissenschaftlichen Untermauerung. Der stille Tod der privaten Arbeitsbeschaffungsreserven war deshalb kein herber Verlust.

Während vieler Jahre hegte ich die naive Vorstellung, dass die Wirtschaftssubjekte staatliche Massnahmen weitgehend passiv über sich ergehen lassen würden und in ihrem Verhalten auch die übergeordneten Interessen der Gesellschaft oder des Staates im Auge hätten. Dieser Glaube wurde bei der Studie über die privaten Arbeitsbeschaffungsreserven erstmals angekratzt. Im Laufe der Zeit musste ich erkennen, dass die Wirtschaftssubjekte auf Veränderungen von Rahmenbedingungen reagieren und versuchen, ihren persönlichen Nutzen respektive ihren Gewinn unter den veränderten Bedingungen neu zu maximieren. Ich erkannte, dass auch die Wirkungen von Sozialmassnahmen nicht losgelöst von rationalen und wirtschaftlichen Überlegungen und ohne Berücksichtigung des veränderten Verhaltens der Sozialempfänger analysiert werden dürfen. Die Problematik zwischen Absicht und Wirkung in der Wirtschaftspolitik hat Eingang in zahlreiche Zeitungsartikel und Vorträge gefunden. In diesem Lernprozess half mir der Aufsatz von Karl Brunner und William Meckling «The Perception of Man and the Conception of Government».

Die Welt in Gleichungen?

Erste Erfahrungen über das Funktionieren der schweizerischen Wirtschaftspolitik konnte ich Anfang der 1970er-Jahre sammeln, als ich nach einem Forschungsaufenthalt bei der OECD wieder an das Institut für Wirtschaftsforschung der ETH zurückkehrte. Ich erhielt von Professor Hans Würgler den Auftrag, für die Kommission für Konjunkturfragen ein Gutachten im Hinblick auf die Schaffung eines «Konjunkturartikels» in der Bundesverfassung zu schreiben. Damals war mein Glaube noch intakt, dass die öffentliche Hand und die Nationalbank mit einem zielgerichteten Einsatz der Fiskal- und Geldpolitik das Wirtschaftswachstum stabilisieren und Vollbeschäftigung und Preisstabilität erreichen könnten. Mein Glaube an die fast unbegrenzten Möglichkeiten der Wirtschaftspolitik war durch das erste ökonometrische Modell für die Schweiz, das ich unter Anleitung und in Zusammenarbeit mit John C. Lambelet bei der OECD entwickelt hatte, zusätzlich genährt worden. Mithilfe des Modells liessen sich Wirkungen fiskal- und geldpolitischer Massnahmen simulieren. Drei Jahre später entwickelte ich an der Wharton School of Economics unter Leitung von Professor Lawrence R. Klein, dem späteren Nobelpreisträger, und Professor Gerard Adams auch noch ein empirisches Modell für den schweizerischen Finanzsektor.

Der Glaube an die Vorteile einer aktivistischen Wirtschaftspolitik hielt nicht lange an. Nicht zuletzt aufgrund der später bei der Schweizerischen Nationalbank gesammelten Erfahrungen begann ich an der Möglichkeit zu zweifeln, dass der Staat und die Nationalbank konjunkturelle Schwankungen durch eine geschickte Politik verhindern können. In zahlreichen Vorträgen und Artikeln plädierte ich für eine Wirtschaftspolitik, die sich darauf beschränkt, für die Wirtschaft klare mittelfristig angelegte Rahmenbedingungen zu setzen. Dieser Wandel in der wirtschaftspolitischen Auffassung veranlasste Professor Leo Schürmann, der sich vor seinem Eintritt ins Direktorium der Nationalbank als Politiker für die Schaffung eines Konjunkturartikels in der Bundesverfassung enorm stark gemacht hatte, zur Aussage, dass auf Ökonomen kein Verlass sei. Zuerst würden sie einen möglichst griffigen Konjunkturartikel fordern und kaum sei er geschaffen, würden sie vor dessen Anwendung warnen. Die 1970er-Jahre waren in der Tat durch ein fundamentales Umdenken in der Wirtschaftspolitik geprägt. Die meisten Industrieländer waren mit ihrer aktiven Geld- und Fiskalpolitik gescheitert. Hohe Inflationsraten und stark steigende Arbeitslosigkeit liessen Zweifel an den bisherigen geld- und fiskalpolitischen Strategien aufkommen.

Kurz vor Abschluss meiner Arbeit am Gutachten für den Konjunkturartikel beschloss die Kommission für Konjunkturfragen, meinen Bericht als Anhang zu publizieren und Professor Hans Würgler zu beauftragen, einen verständlicheren, weniger wissenschaftlichen Bericht zu schreiben. In der Folge begriff ich, dass Berichte für wirtschaftspolitische Gremien etwas anderes sind als wissenschaftliche Aufsätze. Gefragt sind Berichte in einer Sprache, die auch wirtschaftspolitische Laien verstehen. Argumente müssen einfach präsentiert und von den Entscheidungsgremien nachvollzogen werden können.

Im geldpolitischen Versuchslabor der Nationalbank

Die entscheidende Wende zur praktischen Wirtschaftspolitik, zu mehr Öffentlichkeitsarbeit und zum Schreiben von Vorträgen und Zeitungsartikeln kam mit meinem Eintritt in die Schweizerische Nationalbank. Obwohl ich mich in meiner Dissertation sehr kritisch über die Geldpolitik der Schweizerischen Nationalbank ausgelassen hatte und damals noch Mitglied der Sozialdemokratischen Partei war, wurde ich im Herbst 1974 vom neu gewählten Präsidenten Fritz Leutwiler angestellt. Wenige Wochen nach meinem Eintritt erhielt ich von meinem damaligen Chef, Dr. John Lademann, den Auftrag, zusammen mit meinem Kollegen Alexander Galli ein geldpolitisches Konzept für die Schweiz zu entwickeln und gleichzeitig einen Vorschlag für die Geldpolitik für das Jahr 1975 zu machen. Der damalige Präsident Fritz Leutwiler meinte, dass er sich während seiner Tätigkeit bei der Nationalbank nur mit Geldpolitik unter festen Wechselkursen beschäftigt habe und deshalb mit Geldpolitik bei flexiblen Wechselkursen nicht vertraut sei. Später erfuhr ich, dass der Wechsel von festen zu flexiblen Wechselkursen weder geplant noch bewusst vollzogen worden ist. Der «historische» Übergang zu einem System flexibler Wechselkurse im Jahr 1973 entsprang einem Zufall. Die Schweizerische Nationalbank wollte unter Druck des immer grösser werden Kapitalzustroms den Ankauf von Dollars vorübergehend einstellen, damit sich die Verhältnisse auf dem Devisenmarkt normalisieren könnten. Diesem Entscheid ging kein formeller Beschluss des Direktoriums voraus, da die Nationalbank die Absicht hatte, zu einem späteren Zeitpunkt die Dollarkäufe wieder aufzunehmen. Mit der Weigerung, Dollars von den Banken anzukaufen, war der erste Schritt ins Zeitalter der flexiblen Wechselkurse gemacht worden. Ein formeller und durch die politischen Behörden abgesegneter Entscheid, zu einem System flexibler Wechselkurse zu wechseln, hätte kaum in nützlicher Frist getroffen werden können. Niemand war auf ein System flexibler Wechselkurse vorbereitet, und ein Schritt dieser Tragweite hätte kaum politische Unterstützung gefunden. Eher hätten das Direktorium der Nationalbank und der Bundesrat zu dirigistischen Eingriffen in den Geld- und Kapitalmarkt sowie in den Preis- und Lohnbildungsprozess Zuflucht gesucht.

Der Übergang zu flexiblen Wechselkursen bedeutete einen gewaltigen Machtgewinn für die Schweizerische Nationalbank. Unter dem System fester Wechselkurse hatte die Nationalbank nur beschränkte Möglichkeiten, den geldpolitischen Kurs zu bestimmen, da die geldpolitisch relevante Entscheidung über eine Wechselkursanpassung in den Händen des Parlamentes lag. Unter dem System flexibler Wechselkurse wird der Wechselkurs vom Markt bestimmt und die Schweizerische Nationalbank kann unabhängig von den politischen Gremien den geldpolitischen Kurs wählen.

Für Anhänger des monetaristischen Gedankengutes lag es auf der Hand, ein Geldmengenkonzept zu entwickeln. Dies war nicht selbstverständlich, weil in einer kleinen und offenen Volkswirtschaft wie der schweizerischen dem Wechselkurs eine vitale Bedeutung zukommt. Viele hätten eine Wechselkurspolitik vorgezogen. Angesichts der unklaren Implikationen, die eine Wechselkurspolitik auf das Geldmengenwachstum und damit auf die Wirtschaftsentwicklung gehabt hätte, wurde die Idee einer Wechselkurspolitik verworfen. Der Vorschlag, eine flexibel gehandhabte Geldmengenpolitik einzuführen und für 1975 ein Geldmengenziel von 6 Prozent festzulegen, fand im Direktorium Zustimmung.

Geldmengenpolitik und öffentliche Meinung

Mit der Annahme des Konzeptes durch das Direktorium war die Arbeit noch nicht getan. Einerseits musste das Konzept in die Praxis umgesetzt werden. Andererseits mussten der Bundesrat und die breite Öffentlichkeit mit dem Geldmengenkonzept vertraut gemacht werden. Dies war keine einfache Sache, denn die Schweiz war eines der ersten Länder, das zu einer expliziten Geldpolitik überging. Die meisten andern Notenbanken richteten damals ihre Geldpolitik auf den Wechselkurs und/oder die Zinssätze aus.

Der Öffentlichkeit, aber auch dem Direktorium der Nationalbank war Anfang der 1970er-Jahre zu wenig bewusst, dass es zwischen den geldpolitischen Handlungen und deren Wirkungen beträchtliche Zeitverzögerungen gibt. So verstreicht rund ein Jahr, bis sich ein geldpolitischer Kurswechsel auf das reale Wirtschaftswachstum auswirkt. Noch länger, nämlich rund zwei bis drei Jahre dauert es, bis sich Änderungen im Geldmengenwachstum bei den Preisen nachhaltig bemerkbar machen. Auf diese Zeitverzögerungen machte ich Präsident Fritz Leutwiler bei meinem Antrittsbesuch im Herbst 1974 aufmerksam. Ich äusserte die Befürchtung, dass die Schweiz wegen des zu radikalen Abbaus der Notenbankgeldmenge in den vorangegangenen zwei Jahren in eine schwere Wirtschaftskrise stürzen würde. Präsident Fritz Leutwiler bat mich, Vorschläge zu machen, wie die öffentliche Hand der erwarteten Krise begegnen könnte. Zwei Wochen später erfuhr ich, dass der Bundesrat der Meinung war, dass sich die Nationalbank um die Inflationsbekämpfung und nicht um die Wirtschaftspolitik des Bundes kümmern soll. Im Frühjahr 1975 war die Krise nicht mehr zu übersehen.

Um die Geldmengenpolitik in der Wirtschaft und in der Bevölkerung besser zu verankern, wurde die Öffentlichkeitsarbeit bei der Nationalbank verstärkt. Für meine Kollegen und mich in der Forschungsabteilung bedeutet dies vor allem das Schreiben von Vorträgen für den Präsidenten, von Referaten für die Generalversammlung, für die Bankrats-, Bankausschuss- und BIZ-Sitzungen. Daneben wurden viele Gespräche mit ausgewählten Journalisten geführt, eigene Vorträge und wissenschaftliche Arbeiten geschrieben und vorgetragen. Während meiner zehnjährigen Tätigkeit bei der Nationalbank schrieb ich mehr als 100 Vorträge für den Präsidenten und mich. Die Funktion als Ghostwriter ist zwar keine Lebensstellung. Doch ich begriff schnell, dass eine solche Aufgabe die Chance bietet, eigene Ideen in einer breiten Öffentlichkeit zu lancieren. Die Hebelwirkungen von Aussagen aus dem Mund eines in der Öffentlichkeit bewunderten und als Fachmann hoch eingestuften Präsidenten sind enorm.

Das Schreiben von Referaten und Artikeln war eine hervorragende Übung, komplexe Probleme einfach und prägnant darzustellen. Meine Vorbilder waren – und sind es auch heute noch – amerikanische Ökonomieprofessoren. Deren Fähigkeit, in Zeitungskolumnen in kurzer und prägnanter Form komplexe Wirtschaftsprobleme abzuhandeln, löst bei mir immer wieder Bewunderung aus. Mit dem Aufstieg in der Nationalbankhierarchie durfte ich immer häufiger die Nationalbank in der Öffentlichkeit vertreten, eigene Vorträge halten, Artikel schreiben oder in den beim Direktorium unpopulären Fernsehsendungen wie dem Kassensturz die Geldpolitik, den starken Franken oder steigende Hypothekarzinsen verteidigen.

Wechselkurskrisen

Das Ausmass der Wechselkursschwankungen nach dem Übergang zu flexiblen Wechselkursen kam auch für die Ökonomen überraschend. Die Vorstellung war und ist auch heute noch weit verbreitet, dass sich die Wechselkursschwankungen im Rahmen der relativen Kaufkraftänderungen der spezifischen Länder bewegen sollten. Selbst für Professor Friedrich A. Lutz, den grossen Protagonisten flexibler Wechselkurse, kam das Ausmass der Kursschwankungen überraschend. So meinte er in einem Gespräch, dass er die enormen Wechselkursausschläge nicht verstehe und nicht mehr sicher sei, ob ein System flexibler Wechselkurse wirklich die richtige Lösung für das internationale Währungssystem sei.

Die Wissenschaft blieb jedoch nicht untätig und lieferte plausible Erklärungen für die Wechselkursschwankungen und den Zusammenhang zwischen Geldmengenwachstum und Wechselkursentwicklung. Die in der Forschung gefundenen Resultate wurden bei der Konzipierung der Geldmengenpolitik umgehend zu berücksichtigen versucht. Trotzdem liessen sich weitere Aufwertungen des Frankens nicht vermeiden. Der Druck auf die Schweizerische Nationalbank, die Geldmengenpolitik zugunsten einer

Wechselkurspolitik aufzugeben, nahm zu. In einem NZZ-Artikel versuchten Peter Buomberger und ich die Ursachen der Wechselkursschwankungen zu erklären.

Der Druck der Spitzen der Bundesverwaltung und der Wirtschaft, sich dem europäischen Währungsverbund anzuschliessen, nahm im Laufe des Jahres 1978 zu. Auch innerhalb der Nationalbank war die Idee einer Beteiligung an einem Währungsverbund nicht mehr tabu. Das Direktorium hielt allerdings an der Geldmengenpolitik fest.

Dramatisch wurde die Wechselkurssituation im Herbst 1978. Von Mitte Jahr bis Ende September fiel der Dollar/Franken-Wechselkurs von 1.85 auf 1.45 und derjenige des DM/Frankens von 90 auf 75. Nachdem sich der Franken bereits in den vorhergegangenen Monaten stark aufgewertet hatte, löste dieser neue Aufwärtsschub Alarm in der Exportwirtschaft und in der Politik aus. Angesichts dieser chaotischen Wechselkursentwicklung, die sich bezeichnenderweise während der Jahrestagung des Internationalen Währungsfonds in Washington abspielte, verfolgten bei der Nationalbank und in der Bundesverwaltung einige Exponenten die Idee, den Devisenmarkt zu spalten und/oder eine Devisenbewirtschaftung einzuführen. Die Anhänger solcher Ideen machten sich keine Vorstellungen, welchen Schaden die Einführung einer (partiellen) Devisenbewirtschaftung dem schweizerischen Finanzplatz zugefügt hätte. Den interventionistischen und regulatorischen Lösungsansätzen stellte die Forschungsabteilung einen marktwirtschaftlichen Vorschlag gegenüber. Dieser Vorschlag, der im Wesentlichen auf einer Bekanntgabe eines temporären Wechselkurszieles zur Stabilisierung der Wechselkurserwartungen und einer vorübergehenden Aufgabe der Geldmengenpolitik basierte, wurde nach der Rückkehr des Präsidenten Fritz Leutwiler von der Jahrestagung aus Washington vom Direktorium nach wenigen Minuten Diskussion akzeptiert und zwei Stunden später in die Tat umgesetzt. Die Überlegungen, die diesem damals für alle überraschenden Entscheid zugrunde lagen, habe ich in der Festschrift für Helmut Schlesinger zum 65. Geburtstag beschrieben.

Die Bekanntgabe eines temporären Wechselkursziels war wahrscheinlich eine der wichtigsten geldpolitischen Entscheidungen der letzten 30 Jahre.

Geldpolitische Schlüsse daraus

Die Erfahrungen, wie die Wechselkurskrise im Herbst 1978 gelöst wurde, sind ein weiterer Beweis für die Überlegenheit eines marktwirtschaftlichen Vorgehens. Dieses ist Anlage- und Zinsverboten oder andern Einschränkungen des freien Kapitalverkehrs weit überlegen. Beschränkungen des Kapitalverkehrs waren – und dies ist bezeichnend für viele interventionistische Massnahmen – in der Öffentlichkeit und in der Politik beliebt, weil jedermann diese zu verstehen glaubte. Die marktwirtschaftliche Konzeption in der Geldpolitik und die Liberalisierungsmassnahmen wurden deshalb mit vielen Vorträgen und Artikeln begleitet.

In der Geldpolitik gibt es zwei latente Gefahren. Einerseits besteht das Risiko, dass die Geldpolitik zu sehr auf die aktuelle Inflations- und Wirtschaftsentwicklung ausgerichtet wird. Noch immer wird zu wenig beachtet, dass die aktuelle Wirtschaftslage weitgehend das Ergebnis der geldpolitischen Entscheidungen der vorangegangenen Jahre ist. Deshalb werden nach wie vor Forderungen an die Nationalbank gestellt, ihre Politik vermehrt auf die aktuelle Wirtschaftslage auszurichten. Andererseits besteht die Gefahr, dass die Geldpolitik auf exogene Schocks, wie beispielsweise der 11. September 2001 oder ein Börsencrash es sind, zu wenig reagiert und dass den kurzfristigen Schwankungen des Preisindexes zu viel Gewicht beigemessen wird. So war auch bei der Schweizerischen Nationalbank am Anfang der 1990er-Jahre eine zu starke Fixierung auf den kurzfristigen Teuerungsverlauf zu beobachten. Seit einigen Jahren verfolgt sie allerdings wieder eine flexiblere Geldpolitik.

Eine Notenbank muss den Mut haben, auf unerwartete wirtschaftliche oder politische Schocks zu reagieren, deren Wirkungen sich häufig nur in der Richtung, aber nicht im genauen Ausmass abschätzen lassen. Eine zu aktivistische Geldpolitik führt häufig zu einer Destabilisierung der Wirtschaft. In zahlreichen Vorträgen und Artikeln habe ich versucht, diese Problematik einer aktivistischen Geld- und Fiskalpolitik aufzuzeigen. Typisch dafür ist der Vortrag «Wirtschaftspolitik am Ende – Laisser-faire als Alternative?», den ich an der ordentlichen Generalversammlung der Schweizerischen Gesellschaft für Konjunkturforschung am 18. Mai 1983 hielt. Ähnlich argumentierte ich bereits bei meiner öffentlichen Habilitationsvorlesung «Wende oder Ende der Konjunkturpolitik?» an der Universität Basel im Sommer 1979.

Politiker lernen erst nach ihrem Scheitern

Die Ökonomen warnten bereits Ende der 1970er-Jahre vor den negativen Folgen eines überregulierten Arbeitsmarktes auf die Beschäftigung. Die Warnungen zeigten in Kontinentaleuropa kaum Wirkung. Den europäischen Ökonomen ist es nicht gelungen, die Politiker von den in der Arbeitsmarktforschung gewonnenen Erkenntnissen zu überzeugen. Die gleiche Beobachtung lässt sich auch in andern Bereichen machen. So weisen die Ökonomen seit Jahren auf den negativen Einfluss einer rasch steigenden Staatsquote hin. Dennoch stiegen die Staatsquote und mit ihr die öffentliche Verschuldung. Dieses Problem ist nicht neu, es ist im Laufe der Zeit nur grösser geworden. Bereits Adam Smith, einer der geistigen Väter der Marktwirtschaft, umschrieb das Problem der öffentlichen Finanzen in folgender Weise: «There is no art which one government sooner learns of an other than that of draining money from the pockets of the people.» Als Adam Smith dies schrieb, konnte er sich sicher nicht vorstellen, dass die europäischen Regierungen 200 Jahre später ihren Bürgern bereits mehr als 50 Prozent des Volkseinkommens über Steuern, Abgaben und Beiträgen an die Sozialversicherungen abknüpfen würden. In zahlreichen Vorträgen und Zeitungsartikeln habe ich zu diesem Problemkreis Stellung bezogen, das letzte Mal Ende 2005 in *Der Welt* unter dem Titel «Das Geld anderer Leute».

Der Unterschied zwischen der Nationalbank und andern politischen Gremien in der Umsetzung wirtschaftspolitischer Erkenntnisse ist enorm. Die Notenbank ist dank ihrer weitgehenden Unabhängigkeit von der Politik in der Lage, Erkenntnisse, die sie für richtig hält, rasch und konsequent umzusetzen. Politische Rücksichten müssen kaum genommen werden. Im Gegensatz zum zielorientierten Vorgehen bei der Nationalbank wird das Denken und Handeln der meisten Wirtschaftspolitiker und Regierungen vom Gedanken an die Wiederwahl, vom Stimmengewinn der Partei und nur in Ausnahmefällen von wissenschaftlichen Erkenntnissen geleitet. Populär ist, was sich sozial und gerecht anhört. Im Hinblick auf Wählerstimmen machen viele Politiker bereitwillig Abstriche von ihren Überzeugungen. Politiker werden nach der Zahl ihrer politischen Vorstösse beurteilt und nicht daran gemessen, wie viele überflüssige Regulierungen und Gesetze sie verhindert oder abgeschafft haben. Ökonomen finden erst dann ein offenes Ohr, wenn das Scheitern der Politik und die volkswirtschaftlichen Kosten der Umverteilung unübersehbar sind.

Die Bedeutung einer guten Geldpolitik

Die Tätigkeit bei der Nationalbank hat mir immer wieder vor Augen geführt, wie wichtig eine gute Geldpolitik für die Wirtschaftsentwicklung eines Landes ist. Die Möglichkeit, mit einer Veränderung des Geldangebotes die Zinsen, den Wechselkurs, die Preise von Aktien, Obligationen und Immobilien sowie sämtliche relativen Preise in der Wirtschaft zu verändern, macht die Geldpolitik zu einem wirkungsvollen, wenn nicht zum wichtigsten wirtschaftspolitischen Instrument. Mit der Geldpolitik können negative Wirkungen exogener Schocks, wie einer weltweiten Finanzmarktkrise, kriegerischer Ereignisse oder Nachfrageschwankungen aus dem Ausland auf das Wirtschaftswachstum gemildert werden. Die ausgezeichnete Geldpolitik der Schweizerischen Nationalbank hat damals mitgeholfen, den Schweizerfranken zu einer internationalen Reservewährung und die Schweiz zu einem wichtigen internationalen Finanzplatz zu machen. Die Geldpolitik und der internationale Finanzplatz sind letztlich dafür verantwortlich, dass die Schweiz im internationalen Vergleich die niedrigsten Realzinsen aufweist. Sämtliche Vorteile einer eigenständigen Geldpolitik würden bei einem Anschluss der Schweiz an das europäische Währungssystem oder bei einem Beitritt zur EU verloren gehen. Eine Übernahme des Euro würde wegen des damit einhergehenden Realzinsanstiegs enorme Anpassungskosten für die Schweiz mit sich bringen. Vor diesem Hintergrund ist es verständlich, dass die Schweizerische Nationalbank einem Anschluss an das Europäische Währungssystem kritisch gegenübersteht.

Nach meinem Austritt aus der Nationalbank habe ich in zahlreichen Vorträgen und Artikeln (u. a. mit dem Titel: «Der Euro ist das Geld nicht wert») versucht, die Vor- und Nachteile einer Einheitswährung aufzuzeigen. Der Verzicht auf eine eigenständige Geldpolitik erschwert die Anpassungsfähigkeit eines Landes an unterschiedliche Wirtschaftsentwicklungen im Währungsverbund. Die bisherige wirtschaftliche Entwicklung in den Euro-Ländern bestätigt dies. Umgekehrt dokumentiert die relativ gute wirtschaftliche Entwicklung in den europäischen Ländern, die auf eine Übernahme des Euro verzichtet haben, die Vorteile einer nationalen Geldpolitik.

Die Stimme der Schweiz im Ausland wird gehört

In der Schweiz vertreten viele Politiker und Intellektuelle die Meinung, dass die Stimme der Schweiz wegen des Abseitsstehens in Europa auf dem internationalen Parkett zu wenig gehört werde. Während meiner zehnjährigen Tätigkeit bei der Nationalbank habe ich diesbezüglich andere Erfahrung gemacht. Wenn die Schweiz bei der Behandlung von Wirtschafts- oder Gesellschaftsproblemen gute Lösungen vorzuzeigen hat, wird die Stimme der Schweiz sehr wohl gehört. Als es beispielsweise der Schweiz als erstem Industrieland in der zweiten Hälfte der 1970er-Jahre gelang, die Inflation unter Kontrolle zu bringen und die Preisstabilität wiederherzustellen, interessierten sich viele Notenbanken und Regierungen für die schweizerische Geldmengenpolitik. Die Vertreter der Schweizerischen Nationalbank waren als Referenten, Gesprächspartner und Berater gesucht. Als 1982 zum Beispiel die Federal Reserve Bank of New York eine Tagung über Geldmengenpolitik durchführte, wurde neben den grossen Ländern Deutschland, Frankreich, England, Kanada, Japan, Mexiko und Brasilien auch die Schweiz eingeladen. Bei Spezialanlässen der OECD zum Thema Geldmengenpolitik war die Schweiz neben den führenden Industrieländern ein erwünschter Teilnehmer. Die japanische Notenbank, die mit grosser Systematik hinter die Inflationsbekämpfung ging und zu diesem Zweck Experten auf der ganzen Welt aufsuchte, machte nach einem Besuch bei Milton Friedman, dem damals berühmtesten Geldtheoretiker in Chicago bei der Schweizerischen Nationalbank halt. In der Folge entwickelten sich zwischen der Forschungsabteilung der Schweizerischen Nationalbank und der japanischen Notenbank ein reger Gedankenaustausch und gute persönliche Beziehungen. Intensive Gespräche fanden auch zwischen Margaret Thatcher, der englischen Premierministerin, der Bank of England und der Schweizerischen Nationalbank statt. Margaret Thatcher, welche die Schweiz und ihre Wirtschaft bewunderte, blieb es nicht verborgen, dass die Schweiz die Inflation in den Griff bekommen hatte. Sie suchte nicht nur den Kontakt zu den Exponenten der Nationalbank, sondern traf sich auf Anraten des Notenbankpräsidenten Fritz Leutwiler auch mit Professor Karl Brunner. Dieser übte in der Folge einen Einfluss auf die Wahl wichtiger Wirtschaftsberater von Margret Thatcher aus. Unter anderem wollte Margret Thatcher wissen, wer von den Mitarbeitern der Bank of England für die Position des künftigen Gouverneurs geeignet wäre. Dass der von Professor Brunner und mir empfohlene Kandidat einige Zeit später an der Spitze der Bank of England stand, mag Zufall sein. Doch nur schon die Aufforderung, Namen ins Gespräch zu bringen, zeigt die Wertschätzung von Margret Thatcher für die schweizerische Geldpolitik. Im September 1980 hatte ich Gelegenheit, mit der englischen Premierministerin an der

Downing Street 10 in einem kleinen Kreis über Geldpolitik zu diskutieren.

Obwohl die Notenbanken bei zahlreichen internationalen Organisationen wie der BIZ in Basel, der OECD in Paris, bei der EU in Brüssel oder beim Internationalen Währungsfonds in Washington Gespräche über die Geldpolitik in den einzelnen Ländern führten, trafen sich die für die Konzipierung und Umsetzung der nationalen Geldpolitik verantwortlichen Ökonomen der Deutschen Bundesbank, der Bank of England, der De Nederlandsche Bank und der Schweizerischen Nationalbank zu regelmässigen informellen Gesprächen über die Geldmengenpolitik. Diese Gespräche wurden von den Teilnehmern als wertvoller erachtet als die Begegnungen auf dem Parkett der internationalen Organisationen.

Insider und Outsider der Geldpolitik

Ich verliess die Schweizerische Nationalbank, da ich nicht in das Direktorium gewählt worden war. Ich übernahm die Leitung der Nordfinanzbank Zürich. Kurze Zeit später wurde ich auf Vorschlag von Bundesrat Otto Stich trotz Bedenken des Nationalbankdirektoriums in den Bankrat der Schweizerischen Nationalbank gewählt. Der Bankrat setzte sich damals in bester schweizerischer Manier aus Mitgliedern zusammen, die nach regionalen Gesichtspunkten und nach Partei- und Branchenzugehörigkeit ausgewählt wurden. Die Nationalbank war sehr darauf bedacht, dass möglichst unkritische und der Nationalbank positiv gegenüberstehende Wirtschaftsexponenten in den Bankrat gewählt wurden. Der Bankrat wurde vom Direktorium als Gremium betrachtet, das die Nationalbank und ihre Politik in der Öffentlichkeit unterstützen sollte. Für die Festsetzung der Geldpolitik spielte der Bankrat überhaupt keine Rolle. Nach meinem Austritt aus der Schweizerischen Nationalbank gab es nur wenig Anlass zu Kritik an der schweizerischen Geldpolitik. Nur Anfang der 1990er-Jahre war ich der Meinung, dass die Geldpolitik zu restriktiv sei und zur Verschärfung der Arbeitslosigkeit beitrage. Da meine Interventionen im Rahmen der

Bankratssitzungen zwar zur Kenntnis genommen wurden, aber keine Wirkung zeigten, machte ich meine Kritik an der Geld- und Fiskalpolitik in einem Vortrag anlässlich der 75. Generalversammlung des Verbandes Zürcher Handelsfirmen am 24. Mai 1993 publik.

Leider sind zahlreiche Notenbanken mit einem klaren geldpolitischen Konzept nicht häufig bereit, wenn Probleme auftreten, von ihrem Konzept abzuweichen und eine gewisse Flexibilität an den Tag zu legen. Da in den ökonomischen Modellen nie alle möglichen Einflussfaktoren berücksichtigt und richtig gewichtet werden können, besteht ein Spielraum für die flexible Interpretation eines geldpolitischen Konzeptes. Nicht zuletzt vor diesem Hintergrund hat Professor Jürg Niehans von der Geldpolitik als Kunst und nicht als Wissenschaft gesprochen.

Neue Tätigkeit, andere Themen

Nach meiner Tätigkeit bei der Schweizerischen Nationalbank erhielt ich die Möglichkeit, Kolumnen über wirtschaftspolitische Probleme zu schreiben. Anfänglich wurden vor allem Artikel gewünscht, die in einem Zusammenhang mit meiner früheren Arbeit bei der Nationalbank standen. Gefragt waren Artikel zur Zukunft des Dollars, zur künftigen Wirtschaftsentwicklung und des Währungssystems. Meine Tätigkeit bei der Nordfinanzbank Zürich, bei der Bank Leu, dem BZ Trust, der BK Vision und der Stillhalter Vision brachte es mit sich, dass ich mich immer mehr auch andern Themen zuwandte. Dazu gehörten die zunehmende Regulierungswut, die vielen Eingriffe in den Preismechanismus, das Ausufern der staatlichen Aktivitäten, die wachsende Steuerbelastung und Staatsverschuldung. Daneben beschäftigten mich auch Themen wie Gerechtigkeit oder die Globalisierung. Im Zusammenhang mit meiner Tätigkeit in verschiedenen Verwaltungsräten und als Geschäftsführer von Beteiligungsgesellschaften war ich immer häufiger mit Fragen der Corporate Governance und der Rolle bedeutender Aktionäre konfrontiert. Alle Problemkreise drehten sich letztlich um die Frage, wie eine Gesellschaft und deren Wirtschaft organisiert sein sollen und welche Rolle dem Staat in diesem Prozess zugewiesen werden soll. Nach dem Zerfall der kommunistischen Länder wurden die sozialistisch gefärbten Ideen wieder populärer und das idealistische Bild des guten Staates im Sinne von Hegel (Staat als «die Wirklichkeit der sittlichen Idee» ...) gewann wieder Oberhand. Dem Staat wurde insbesondere die Rolle zugeteilt, für eine gerechtere Verteilung der Einkommen und Vermögen zu sorgen. Die liberalen Wirtschaftskonzepte wurden dagegen oft mit unsozial und ausbeuterisch gleichgesetzt und für fast alle wirtschaftlichen Fehlentwicklungen verantwortlich gemacht. «Neoliberale Wirtschaftspolitik» wurde zum Schimpfwort und die Globalisierung der Wirtschaft als ernsthafte Bedrohung der Menschheit genannt. In einem von raschen strukturellen Veränderungen und zunehmendem internationalen Wettbewerb geprägten Umfeld nahm die Angst vor der Zukunft zu. Als Folge kamen die Bestrebungen stärker auf, Bestehendes zu verankern und Veränderungen zu verhindern.

**Regulierungen oder die Suche nach
der perfekten Welt**

Das Funktionieren der Marktwirtschaft stellt an die Spitzen der Wirtschaft und der Politik hohe moralische und gesellschaftspolitische Anforderungen. Wenn sich die Führungskräfte dieser Verantwortung nicht bewusst sind und wie die Industriebarone des 19. Jahrhunderts sich durch rücksichtsloses und unsoziales Verhalten auszeichnen, kann eine freie Marktwirtschaft nicht funktionieren. Regulierungen sind die zwangsläufige Folge. Auch heute sind viele Regulierungen das Ergebnis von Fehlentwicklungen und Skandalen in der Wirtschaft oder in der Gesellschaft. Regulierungen werden meistens dann eingeführt, wenn Zweifel am Funktionieren bestimmter Märkte aufkommen, wenn die Grundversorgung mit bestimmten Gütern und Dienstleistungen wie Strom, Telefon oder Post nicht oder nur schlecht gewährleistet, wenn die Gesundheit,

Sicherheit oder das Gemeinwohl gefährdet scheinen oder wenn der einzelne Bürger der Willkür der grossen Unternehmungen ausgeliefert erscheint. Dem Staat wird zugetraut, diese Probleme im Interesse aller und vor allem gerechter lösen zu können. Der Glaube an die Selbstregulierung der Märkte, an die Fähigkeit des Marktes, auf die Interessen der Einzelnen besser eingehen zu können als der Staat, ist im Laufe der letzten 30 Jahre immer mehr verloren gegangen. Der Bürger wird zunehmend als hilflos, unmündig und unfähig betrachtet, wirtschaftliche und soziale Probleme zu erkennen und mit ihnen vernünftig umzugehen.

Viele Regulierungen sind gut gemeint, aber selten bis zum Ende durchdacht. In zahlreichen Artikeln habe ich meine kritische Haltung gegen eine Überregulierung der Wirtschaft zum Ausdruck gebracht (etwa unter dem Motto «Viel Rauch, wenig Feuer»).

Seit Jahren stehen die Schweizer Banken im Kreuzfeuer der Kritik. Die Forderungen nach einer stärkeren Regulierung des Bankwesens brechen nie ab. Vielen ist das Bankgeschäft unverständlich. Der Nutzen einer Bank für die Volkswirtschaft ist den wenigsten klar, und deren grosse Gewinne sind vielen ein Ärgernis. In den Augen vieler Leute sind die Banken zudem die bereitwilligen Gehilfen korrupter Politiker aus den Entwicklungsländern, der Drogenhändler, der Geldwäscher und anderer Krimineller. Um zu verhindern, dass Banken diese vermeintliche Rolle weiter spielen können, wurden immer mehr Regulierungen erlassen. Die Vorstellung ist naiv, dass es mit einer Regulierung der Bankaktivitäten gelingen könnte, die Korruption, den Drogenhandel oder die Kriminalität zu verringern. So argumentierte ich 1986 in der *Weltwoche* unter dem Titel «Der Bankier will nicht Polizist sein».

Es ist nicht leicht, der breiten Öffentlichkeit zu erklären, weshalb viele der Eingriffe bestenfalls Symptombekämpfung sind. In Vorträgen und Zeitungsartikeln habe ich wiederholt zu erklären versucht, wie mit einem marktwirtschaftlichen Ansatz und einer auf Preisstabilität ausgerichteten Geldpolitik viele Probleme der Entwicklungsländer effizienter gelöst werden könnten ... Ich wurde in meiner Auffassung durch die Erfahrungen bestärkt, die ich bei meinen Reisen nach Asien gesammelt habe. Besuche bei den Notenbanken von Singapur, Malaysia, Thailand, Taiwan und Japan in den 1980er- und 1990er-Jahren haben mir gezeigt, dass grosse Kapitalzuströme, hohe Wachstumsraten und florierende Wirtschaften der Lohn einer guten und disziplinierten Wirtschaftspolitik sind.

Entwicklungsländer brauchen besonders gute Politik

Im Rahmen des 2. Vortragszyklus des SwissConatct-Forums habe ich unter dem Titel: «Ohne Preisstabilität keine Entwicklung in der Dritten Welt» ein für mich zentrales Problem der Entwicklungsländer abgehandelt. Preisstabilität, freie Preisbildung und klar definierte Eigentumsrechte sind eine unumgängliche Voraussetzung für ein nachhaltiges Wachstum der Entwicklungsländer. Eingriffe in den Preismechanismus, beispielsweise im Landwirtschaftsbereich, schaffen falsche Anreize und können verheerende Folgen für die Versorgung mit landwirtschaftlichen Produkten haben. Falsch gesetzte Preise sind aber auch häufig die Quelle für Korruption. Transparente und nicht regulierte Märkte sind dagegen die beste Voraussetzung zur Verhinderung von Korruption.

Schon 1986 hatte ich Gelegenheit, mich aus erster Hand etwas mit dem wirtschaftlichen Aufbruch in China vertraut zu machen. Ich war eingeladen worden, um vor Regierungs- und Notenbankvertretern sowie einer Gruppe jüngerer Wissenschafter über Geldpolitik zu sprechen. Die Gespräche während und ausserhalb des Seminars zeigten einerseits das enorme Interesse der verantwortlichen Führungskräfte an der Entwicklung in Europa und andererseits die Systematik, mit der die chinesische Führung die Probleme anging. Ich gewann den Eindruck, dass in der Wirtschaftspolitik nichts dem Zufall überlassen wird.

Krisenszenarien und intellektuelle Panik

In den 1980er-Jahren gab die Entwicklung in der Weltwirtschaft nicht viele Gründe zu Euphorie: Die Verschuldung der Industrieländer nahm zu, die Schuldenkrise der Drittweltländer traf das internationale Bankensystem hart, und die rasch steigende Arbeitslosigkeit wurde zu einem gesellschaftspolitischen Problem. Vor diesem Hintergrund wurde immer häufiger das Gespenst einer Banken- und Weltwirtschaftskrise an die Wand gezeichnet. In schillernden Farben wurde ein Zusammenbruch des internationalen Bankensystems vorhergesagt. Obwohl ich der wirtschaftspolitischen Entwicklung ebenfalls kritisch gegenüberstand, vertrat ich dennoch in Zeitungsartikeln und in Vorträgen den Standpunkt, dass die Weltwirtschaft nicht untergehe.

Die Wirtschaftskrisen, hohe Inflationsraten und riesige Staatsverschuldung in den 1980er-Jahren schufen einen idealen Nährboden für Diskussionen über die wirtschaftliche Bedeutung von Gold. Einige schlugen vor, zu einem Goldwährungssystem zurückzukehren. Trotz zahlreicher Diskussionen über die Goldwährung als Alternative zum System flexibler Wechselkurse wurde in keinem Land ernsthaft über eine Rückkehr zur Goldwährung diskutiert. Als der Goldpreis 1987 über 500 Dollar stieg, interpretierten die Goldanhänger dies als Bestätigung ihrer Ansichten. Den optimistischen Argumenten der Goldanhänger in Bezug auf den Goldpreis konnte ich nie folgen. In einem Artikel in der *Finanz und Wirtschaft* stellte ich Ertragsvergleiche an und versuchte zu erklären, weshalb die langfristigen Erträge auf Gold auch künftig niedrig bleiben werden.

Corporate Governance in Theorie und Praxis

In den 1990er-Jahren schrieb ich verschiedene Artikel zu den Themen Shareholder Value und die Rolle grosser Aktionäre. Mit diesen beiden Themen beschäftigte ich mich sowohl auf praktischer wie auch auf theoretischer Ebene. Ich versuchte die Bedeutung der

Maximierung des Shareholder Value für das Wachstum und die Prosperität der gesamten Gesellschaft zu zeigen. Mit der Formulierung von Zielen einer Aktiengesellschaft ist es allerdings nicht getan. In einer Unternehmung müssen die Rahmenbedingungen so gestaltet sein, dass Verwaltungsrat und Management alles unternehmen, um den Shareholder Value langfristig zu maximieren.

In den 1990er-Jahren wurden zahlreiche Unternehmungen von den technologischen, politischen und wirtschaftlichen Herausforderungen der globalen Öffnung der Märkte überwältigt. Die Überwachungsorgane der Unternehmungen reagierten auf Fehlentwicklungen meistens nicht oder zu spät. In der Folge wurde unter dem Stichwort Corporate Governance darüber diskutiert, wie Unternehmungen organisiert und strukturiert sein sollten, damit sie den vielfältigen Herausforderungen besser gewachsen sind. Zusätzlichen Auftrieb erhielten diese Diskussionen durch einige grosse Unternehmungsskandale in den Vereinigten Staaten und in England. Im Gegensatz zur Auffassung vieler Politiker, aber auch von Vertretern aus der Wirtschaft halte ich an der Auffassung fest, dass es in erster Linie dem Markt überlassen werden sollte, wie die Corporate Governance in den einzelnen Unternehmungen aussehen sollte. Die Voraussetzung dafür wäre, dass die Rechte der Aktionäre gestärkt werden. Im Jahr 2003 habe ich nach einem Aufenthalt am American Enterprise Institute meine verschiedenen Artikel zu einem Buch über Corporate Governance ausgebaut.

Ökonomen wissen gut Bescheid über zahlreiche wichtige wirtschaftliche Zusammenhänge wie Geldpolitik und Inflation, über die Vorteile des Wettbewerbs und des Freihandels. Diese Erkenntnisse sollten in der Wirtschaftspolitik genutzt werden. Auf viele andere Wirtschaftsfragen können die Ökonomen allerdings keine oder nur unzureichende Antwort geben. Angesichts dieses beschränkten Wissen sollten die Regierungen oder Aufsichtsbehörden mit der Schaffung neuer Vorschriften zurückhaltend sein. Die Geschichte hat immer wieder gezeigt, dass Fortschritt und Wachstum eine offene Gesellschaft voraussetzen sowie die Bereitschaft, neue Erkenntnisse zu gewinnen, zu akzeptieren und umzusetzen. Einzelne Fehlentwicklungen sind Bestandteile des Suchprozesses. Nicht jeder Skandal oder Bankrott einer Unternehmung sollte zum Anlass genommen werden, das Wirtschaftssystem infrage zu stellen.

Doch der Glaube nimmt zu, dass der Staat fähig sei, für Gerechtigkeit, Gleichheit und Wohlstand in der Gesellschaft sorgen zu können. Diese ideologische Fehlentwicklung ist eine Herausforderung für die Ökonomen. Es muss vermieden werden, dass unter dem Stichwort bequemer Harmonisierung der politische Wettbewerb zulasten der Bürger ausgeschaltet wird. Wer den Wettbewerb stärkt, nützt den Armen und Schwachen weit mehr als ideologisch schön gefärbte Reden über Gleichheit und Gerechtigkeit.

Werkliste

2006. The Euro and Migration Policies in the European Union: An Inconsistent Approach, in: P. Nobel und M. Gets (eds.), New Frontiers of Law and Economics, Series in Law and Economics. Schulthess: Zürich, S. 43 ff.
2004. Corporate Governance. Das subtile Spiel um Geld und Macht. Verlag Neue Zürcher Zeitung: Zürich.
1993. Die Arbeitsplatzvernichter, in: Schweizerische Arbeitgeber-Zeitung, 24. Juni 1993, S. 629 ff.
1989. Geldmengenpolitik und Wechselkurs – der schweizerische Weg, in: N. Bub, D. Duwendag und R. Richter (ed.), Geldwertsicherung und Wirtschaftsstabilität, Festschrift für Helmut Schlesinger zum 65. Geburtstag. Frankfurt am Main.

J.-P. Béguelin und K. Schiltknecht
1985. Monetarism – A View from a Central Bank, in: G. R. Feiwel (ed.), Issues in Contemporary Macroeconomics and Distribution. Macmillan. p. 324–332.
1983. Switzerland – The Pursuit of Monetary Objectives, in: P. Meek (ed.): Central Bank Views on Monetary Targeting, Federal Reserve Bank New York, p. 72–79.

H. J. Büttler, und K. Schiltknecht
1983. Transitory Changes in Monetary Policy and Their Implications in Money Stock Control, in: Carnegie – Rochester Conference Series on Public Policy, Vol. 19, Journal of Monetary Economics, p. 171–210.

J. P. Béguelin, H. J. Büttler und K. Schiltknecht
1983. A First Look at Entropy, Monetary Policy, and Expected Inflation Rates in the Determination of Exchange Rates, in: L. R. Klein und W. E. Krelle (ed.), Capital Flows and Exchange Rate Determination, Zeitschrift für Nationalökonomie, Supplementum 3, p. 205–220.

H. J. Büttler, J.-F. Gorgerat und K. Schiltknecht
1979. A Multiplier Model for Controlling the Money Stock, in: Journal of Monetary Economics 5, p. 327–341.
1977. Die Geldpolitik der Schweiz unter dem System flexibler Wechselkurs, in: Schweizerische Zeitschrift für Volkswirtschaft und Statistik, S. 1–26.

A. A. Rossi und K. Schiltknecht
1972. Übernachfrage und Lohnentwicklung in der Schweiz – eine neue Hypothese, in: Kyklos, Vol. XXV, S. 239–254.

J. C. Lambelet und K. Schiltknecht
1970. A Short-Term Forecasting Model of the Swiss Economy, in: Schweizerische Zeitschrift für Volkswirtschaft und Statistik, S. 281–341.
1970. Beurteilung der Gentlemen's Agreements und Konjunkturbeschlüsse der Jahre 1954–1966 unter besonderer Berücksichtigung der Auslandgelder. Dissertation.

BEAT BRENNER, BEAT GYGI, GERHARD SCHWARZ

Das grosse Interview
mit Silvio Borner, Bruno S. Frey
und Kurt Schiltknecht zur Ökonomie,
deren Wirkung und Menschenbild

«Die meisten Leute haben eine Abneigung
gegen Wettbewerb.»

Sie waren am Anfang alle Keynesianer?
FREY: Ja. Mein Lehrer Gottfried Bombach in Basel war ein aufgeklärter Keynesianer, der stark mit der Nachfrage und mit Kreisläufen argumentierte. Das tut heute kein Mensch mehr. Das Denken in Kreisläufen ist tot, obwohl ich glaube, dass es so etwas wie einen Kreislauf gibt. Und dann hat Bombach sich auch für die Wachstumstheorie interessiert und somit auch für die Angebotsseite.

Wie war das in St. Gallen?
BORNER: Von Anfang an eklektisch, weil man die Professoren nicht unbedingt so einteilen konnte. Mein Vorbild war Walter Adolf Jöhr, der ein Keynesianer war, ohne Keynes je richtig verstanden zu haben. Das war mein grosser Schock, als ich nach Yale kam zu James Tobin, einem Topkeynesianer. Ich musste mich neu orientieren. Nachher hat mich das lange beeinflusst, dieser Glaube an die Makrosteuerbarkeit der Wirtschaft. Aber weder Jöhr noch Tobin haben die Marktwirtschaft abgelehnt. Es gibt verschiedene Schattierungen von Keynesianern. Manche – auch Bombach – haben den Keynesianismus mit marktwirtschaftlichen Steuerungsprinzipien auf der Mikroebene verbunden. Das war bei Tobin mit seiner Portfolio-Analyse ausgeprägt der Fall. Ich habe damals eine Debatte zwischen Milton Friedman und Tobin miterlebt. Da fand

ich Tobin überzeugender, weniger ideologisch. Heute bin ich eher Friedman-Anhänger, weil ich die Bedeutung der Freiheitsrechte und der Marktwirtschaft klarer sehe. Den Glauben, dass man die Wirtschaft feinsteuern kann, habe ich relativ früh verloren – und damit das Interesse an solchen Fragen.

Wie kommt man zu den Lehrern? Sucht man sie?
SCHILTKNECHT: Ich landete an der Universität Zürich, weil ich im Kanton Zürich wohnte. Natürlich hatte man bevorzugte Professoren, zu denen man Affinitäten entwickelte. Die Universität Zürich war damals einer der besten Plätze im deutschsprachigen Raum für die Volkswirtschaftslehre, vor allem für monetäre Probleme. Professor Lutz war einer der Ersten, der die Idee der flexiblen Wechselkurse aufgebracht hat. Er war Experte im amerikanischen Kongress. Das hat uns Studenten beeindruckt. Er war immer interessiert an neuen Entwicklungen und hat auch Dinge gelesen, von denen er gesagt hat, er verstehe sie noch nicht: «Das lesen und diskutieren wir einfach zusammen.» Diese Offenheit und seine liberale Grundhaltung, die Lutz als Vertreter der Freiburg-Schule auszeichnete, haben mich fasziniert. Ich war begeistert von seinem Unterricht. Später kam auch noch Karl Brunner nach Zürich.

Wenn Sie heute zurückblicken, war der damalige Studienentscheid also kein Fehler?
FREY: Im Gegenteil, die Ökonomie hat mir viel mehr gebracht, als ich je dachte. Vor allem die Ausweitung auf andere Gebiete, auf Politikwissenschaft, Geschichte, Psychologie und Soziologie. Von all dem war damals nicht die Rede.

Man nennt das «ökonomischen Imperialismus».
SCHILTKNECHT: Freud beispielsweise hatte ein ganz spezifisches Menschenbild. Nach seiner Auffassung geht alles vom Sexualtrieb aus. So wie Freud haben auch die Ökonomen Menschenbilder entwickelt, insbesondere dasjenige vom rational evaluierenden Nutzenmaximierer. Damit lässt sich das Verhalten der Menschen gut

verstehen. Die Ökonomen haben meiner Ansicht nach heute ein besseres Bild über die Grundstrukturen des Verhaltens des Menschen, als es Freud hatte.
Ich könnte jedes Wort, das Bruno gesagt hat, unterschreiben. Ich bin fast ein Fanatiker des volkswirtschaftlichen Studiums. Auch nach über 40 Jahren Ökonomie kann ich mir kaum etwas Spannenderes vorstellen.
FREY: Die Phase des «Imperialismus» gab es. Heute hat sich das umgekehrt. Jetzt übernimmt die Ökonomie enorm viel aus andern Gebieten, in den letzten Jahren besonders aus der Psychologie. Zum Beispiel auf dem Gebiet der Glücksforschung ist die Integration vorbildlich.
BORNER: Ich bin hier etwas konservativ. Ich glaube an eine Art Einheit der Sozialwissenschaften. Das kommt auch vom ersten prägenden Lehrer Jöhr her. Deshalb gibt es für mich einen Wettbewerb zwischen verschiedenen Ansätzen, wobei ich zur Überzeugung gelangt bin, dass der ökonomische Ansatz vor allem in der Politologie sehr viel geleistet hat. Wir müssen nur an Ronald Coase denken, an Mancur Olson oder Anthony Downs, Leute, die die politische Wissenschaft revolutioniert haben. Weil es möglich war, immer wieder neue Probleme mit dem gewohnten Instrumentarium zu erschliessen, ist mir nie langweilig geworden. Ich hätte nicht 30 Jahre lang am selben Problem arbeiten können, was vielleicht wissenschaftlich besser gewesen wäre. Das Faszinierende war für mich die Vielfalt und die Möglichkeit, immer wieder neue Probleme zu erschliessen.

Der Vorwurf lautet, die Ökonomie wolle mit einem zu engen Menschenbild alles erklären.
FREY: Entscheidend ist, dass man mit einer Struktur an ein Problem herangeht. Unsere Grundstruktur lautet, dass die Leute im Grossen und Ganzen vernünftig sind. Aber es gibt Bedingungen, unter denen das nicht der Fall ist. Dann wird es interessant. Dann muss man psychologische Elemente hineintragen oder soziologische.

BORNER: Die Frage ist, ob man Rationalität eng oder weit sieht. Für mich ist es durchaus rational, sich in vielen Situationen kooperativ zu verhalten. Mit dem Homo oeconomicus muss man vorsichtig umgehen. Viele Kritiker haben das ökonomische Menschenbild zu einem Pappkameraden reduziert. Peter Ulrich ist so einer – der die moderne ökonomische Theorie nicht versteht. Ein wichtiger Vorreiter ist für mich Mancur Olson. Dass Interessengruppen wichtig sind, hat man schon immer gewusst. Aber die Vorstellung war früher, je grösser eine Gruppe ist, desto stärker ist sie. Dann kam Olson und hat die Frage gestellt, warum Interessengruppen entstehen. Das hat mit Rationalität zu tun. Eigentlich ist es irrational, einer solchen Gruppe beizutreten, weil man Trittbrettfahrer spielen könnte. Olson hat, ohne das ökonomische Modell über Bord zu werfen, erklärt, wie solche Pressure Groups zustande kommen und dass eben nicht grosse Gruppen die schlagkräftigsten sind.

FREY: Alle sind organisiert – nur die zwei Wichtigsten, Konsumenten und Steuerzahler, nicht.

SCHILTKNECHT: Viele Leute verwechseln rational mit richtig. Man meint, wenn jemand rational entscheide, entscheide er auch richtig. Das trifft nicht zu. Rationales Verhalten stützt sich auf das ab, was man weiss oder zu wissen glaubt. Wenn man immer alles richtig wissen wollte, entstünden hohe Kosten. Es gibt viele Entscheide, die nicht auf einer Analyse basieren, sondern einzig und allein auf Erfahrungen oder Beobachtungen. Wenn wir essen, überlegen wir nicht jedes Mal, was die Zusammensetzung des Fleisches ist und ob es uns gut tut. Ein solches Verhalten impliziert, dass wir mal eine richtige, mal eine falsche Entscheidung treffen. Dazu kommt noch etwas anderes: Für jeden sind 2 Franken mehr als 1 Franken, aber für den einen sind 2 Franken sehr viel mehr als für den andern. Die Gewichtung ist auch subjektiv. Das führt dann zu qualitativ unterschiedlichen Reaktionen auf Preissignale.

Ökonomische Theorie ist Vereinfachung. Nur so kommen wir zu überprüfbaren Hypothesen. Wenn wir sagen, die Welt ist komplex, haben wir keinen Erkenntnisgewinn. Daher ist es wichtig, einfach strukturierte Menschenbilder zu entwickeln.

Die Ökonomie hat dank ihrer Methodik viele Erkenntnisse über die wirtschaftlichen Zusammenhänge gebracht. Es stimmt allerdings etwas nachdenklich, wie wenig in der Wirtschaftspolitik bewirkt worden ist. Ökonomen scheinen keine grosse Glaubwürdigkeit zu besitzen.

Kann man vieles von dem, was die Ökonomie behauptet, auch empirisch stützen?
BORNER: Es ist absolut zentral, dass die Empirie entscheiden muss. Natürlich kann man sich fragen, ob es immer ökonometrische Tests braucht, ob nicht manchmal Fallstudien oder sogar anekdotische Evidenz genügen. Aber häufig sprechen die Ergebnisse zugunsten des ökonomischen Ansatzes. Das gilt für Olson und auch für Coase – etwa die Erkenntnis, dass der Markt durchaus in der Lage ist, mit Externalitäten kreativ und effizient umzugehen, wenn die Transaktionskosten tief sind. Oder ein anderes Beispiel: Wenn die Leute zu schnell fahren, hat das für sie offenbar einen gewissen Nutzen. Dann muss man eben die Kosten, die Bussen, erhöhen. Anhand solcher Beispiele kann man sehen, ob das Verhaltensmodell halbwegs stimmt. Kurt hat recht: Es ist nicht so, dass marktwirtschaftliche Anreize nicht funktionieren würden, sondern man ist instinktiv oder ideologisch dagegen. Oder Juristen und Politiker haben eine ganz andere Vorstellung, wie mit solchen Problemen umzugehen ist (mit Verboten und Geboten).

Sie haben gesagt, man müsse reduzieren, um messen zu können. Dann misst man doch die Reduktion der Wirklichkeit, nicht die Wirklichkeit selbst.
SCHILTKNECHT: Solange ich keine Gegenevidenz zu meiner Aussage vorgelegt bekomme, ist für mich das, was ich festgestellt habe, wahr. Das heisst allerdings noch lange nicht, dass es wahr ist. Ich habe mich in meinem Leben verschiedentlich von neuer, besserer Evidenz überzeugen lassen und erkennen müssen, dass das, was ich einmal geglaubt habe, falsch war. Die einzige Möglichkeit, die wir zum Gewinnen neuer Erkenntnisse haben, ist eine fortlaufen-

de Überprüfung unserer Hypothesen. Lässt sich eine Theorie nicht oder nicht mehr bestätigen, kann dies darauf zurückzuführen sein, dass die Theorie falsch ist oder dass sich vielleicht das Umfeld verändert hat. Nochmals, die Erkenntnis, dass die Welt kompliziert ist und sich laufend verändert, bringt uns keinen Millimeter vorwärts. Das gilt genauso in der Physik oder der Chemie. Gute ökonomische Theorie ist zweckmässige Reduktion der Wirklichkeit.
BORNER: Vielleicht ein abseitiges Beispiel: Ist die Todesstrafe abschreckend? Warum begehen Leute Kapitalverbrechen? Das ist komplex, aber man kann gewisse Vergleiche anstellen. In den USA gibt es Staaten mit und solche ohne Todesstrafe. Man kann nun empirisch einen Abschreckungseffekt berechnen. Wenn alle Kapitalverbrecher kranke Menschen wären, dürften wir keinen Abschreckungseffekt feststellen. Wenn wir einen solchen feststellen, heisst das, dass auch Verbrecher Kosten-Nutzen-Rechnungen anstellen. Das Verhaltensmodell prognostiziert also etwas, das ich in der realen Welt beobachten kann. Selbst wenn die Todesstrafe einen Abschreckungseffekt hätte – sogar einen grossen –, wäre ich trotzdem immer noch dagegen. Das ist eine ethische Wertung, aber ob die Todesstrafe eine Abschreckungswirkung hat – das kann man messen.

Man kann behaupten, es zu messen!
SCHILTKNECHT: Ein anderes Beispiel. Nehmen Sie die Diskussion über Ursachen der Inflation. Da sagte früher die Linke, die Kartelle seien schuld, während für die Rechte die Gewerkschaften die Sündenböcke waren. Für Professor Brunner war dies alles «dummes Zeugs», denn für ihn war Inflation ein monetäres Problem. Er versprach mir sein ganzes Vermögen, wenn ich ihm ein Land gezeigt hätte, das Inflation bekommen hat, ohne die Geldmenge stark auszuweiten. Ich habe sehr viele Länder studiert und festgestellt, dass in allen inflationierenden Ländern überall die Notenbanken zu expansiv waren. Das ist doch Evidenz für die monetaristische Theorie. Solange wir keine Gegenevidenz haben, können wir ruhig den monetaristischen Ansatz vertreten. Zumin-

dest ist sie durch Evidenz untermauert und damit besser als die vielen Ad-hoc-Erklärungen der Inflation. Die passen zwar immer auf die jeweils diskutierte Situation. Für jedes Ereignis, für wirklich jedes Ereignis lässt sich eine scheinbar überzeugende Ad-hoc-Erklärung finden. Meistens versagen diese Erklärungen in einer späteren Phase. Ad-hoc-Erklärungen bringen uns selten weiter. Wir müssen allgemeingültige Erklärungen für ökonomische Phänomene finden.

FREY: Für mich als politischer Ökonom beginnt es hier erst. Warum und wann wird die Geldmenge gut kontrolliert? Da ist Brunner stehen geblieben. Seine ideale Vorstellung war, dass ein wohlwollender Diktator das richtig kontrolliert. Wenn man die Wirklichkeit anschaut, haben in einigen Staaten die Gewerkschaften grossen Einfluss auf die Zentralbanken, und wenn die Löhne erhöht werden, werden Zentralbanken vielerorts gezwungen, zu akkommodieren.

BORNER: Interessanterweise ist die Tendenz in diese Richtung aber doch gering. Da ist der Wettbewerb zwischen den Ländern sehr hilfreich. Aber Brunner hat doch damals einfach den Finger auf den wunden Punkt gelegt in den USA. Er wollte die Diskussion in eine Richtung lenken. Er glaubt nicht blind an die Unabhängigkeit der Notenbank. Er hätte kaum die hoch politischen Seminare organisiert, wenn er nicht die politökonomischen Aspekte gesehen hätte. Aber manchmal ist es wichtig, dass man ein Problem überhaupt benennt und in den Vordergrund rückt.

FREY: Die Frage der Unabhängigkeit der Notenbank ist ...

... eine Frage der demokratischen Kontrolle?

FREY: Es ist eine demokratische Entscheidung, dass man gewisse Dinge ausklammert.

BORNER: Vieles hängt davon ab, was man unter Demokratie versteht. Wenn man darunter versteht, dass jederzeit Mehrheiten über jegliche Fragen abstimmen können, ist die Unabhängigkeit der Notenbank eine Verletzung der Demokratie. Aber ich bin ein Konstitutionalist. Da ist es eben rational, wenn die Bürger sich selbst binden, ihre Macht beschränken und gewisse Entscheidungen delegieren.

SCHILTKNECHT: Wenn man in die Geschichte blickt, etwa in das antike Griechenland, sieht man, dass viele Staaten an demokratisch beschlossenen Umverteilungen kaputtgegangen sind. In den demokratischen Industriestaaten werden wir in den nächsten Jahren intensiv an den Problemen arbeiten müssen, die sich aus demokratisch beschlossenen, übermässigen Umverteilungen ergeben können. Eine institutionell festgesetzte «Selbstbindung» könnte eine Lösung sein.

Können wir sagen, dass die Geldpolitik den Erfolg der Ökonomie belegt?

BORNER: Ja und nein. Das habe ich in Argentinien gesehen. Die Umsetzung der Geldpolitik ist relativ einfach, weil man nur eine unabhängige Notenbank schaffen und ein paar gut ausgebildete Leute hineinsetzen muss: Dann läuft alles. Man kann das gut «top down» machen. Aber wenn man an andere Reformen denkt, die mehr Menschen involvieren, vor allem in der Fiskalpolitik, wo Interessengruppen direkten Einfluss nehmen auf die Steuerstruktur oder die Ausgaben, dann wird man sagen müssen, dass der Erfolg der Geldpolitik auch zu relativieren ist.

Ist der Erfolg der Geldpolitik auch eine Art Fluch?

SCHILTKNECHT: Ja, heute interessiert sich kaum ein Student für Geldpolitik. Als ich an der Uni Zürich zu lesen begann, kamen fast 200 Leute in die Vorlesung über Geldpolitik. Als die Inflation etwa fünf Jahre stabil war, der Wechselkurs des Frankens nicht mehr stark schwankte, hatte ich noch zehn Studenten. Ich frage mich, ob die nächste Generation der Notenbankiers sich der Problematik der Inflation noch bewusst ist? Die Notenbanken interessieren sich bereits jetzt fast mehr für die Stabilität des Finanzsystems oder für die Bankenaufsicht als für die Geldpolitik. Ich frage mich, ob sie in 20 Jahren, wenn ein Problem auftaucht, sagen werden, jetzt drucken wir einfach mehr Geld, weil die Inflationsgefahr nach so vielen Jahren der Preisstabilität nicht gefährdet ist. Ob die heutige Preisstabilität nur ein historischer Zufall ist, wird sich zeigen.

Wie sehr hängen Empirie und die viel beklagte Mathematisierung der Ökonomie zusammen?
FREY: Ich sehe da grosse Unterschiede. Mathematische Ökonomie heisst, Modelle zu konstruieren. Das Problem dabei ist nicht, dass man Modelle und mathematische Formulierungen hat, sondern dass sie nicht problemorientiert sind. Man müsste von Problemen ausgehen, die man draussen in der Welt sieht; das kann man dann, wenn man will, mathematisch formulieren. Dagegen hätte ich nichts. Aber heute wird an kleinsten Variationen dieser Modelle herumgebastelt.
SCHILTKNECHT: Das hat auch damit zu tun, wie Professoren selektioniert werden. Wenn man heute nicht mathematisch orientiert arbeitet, ist es schwer, in international anerkannten Fachzeitschriften zu publizieren. Eine interessante Beobachtung ist allerdings, dass viele der Leute, die ich kenne und die früher sehr mathematisch orientiert waren, sich heute wieder mehr zu den Grundfragen der Ökonomie und zur Wirtschaftspolitik zurückbewegen. Sie können sich dies erlauben, weil sie etabliert sind und einen bekannten Namen haben. Diese Persönlichkeiten beschäftigen sich viel intensiver mit den brennenden ökonomischen Fragen als die jungen Forscher. Ein junger Mann, der ohne mathematische Modelle seine ökonomischen Erkenntnisse präsentiert, muss Glück haben, wenn er dafür Anerkennung findet oder irgendwo eine Professur erhält.

Da gibt es eine Selektion.
BORNER: Man hat versucht, die wissenschaftliche Qualität zu objektivieren – das erklärt den Messwahn zum Teil. Was kann man am besten messen? Da gibt es Rankings: Wie viele Punkte hat jemand durch Publikationen in dieser und jener Zeitschrift erworben? Wie häufig wird jemand zitiert? Das führt unter Umständen zu einem Markt der Selbstläufer. Älter zu werden ist nicht lustig, aber hier

beneide ich die Nachwuchswissenschaftler nicht. Die komparativen Vorteile sind verschieden, und die Ökonomie muss aufpassen, dass nicht alles in eine Richtung geht, sodass alle gleichförmig ausgebildet werden. Auch eine Universität sollte ein Portfolio von verschiedenen Professoren anvisieren. Allerdings mache ich die Beobachtung, dass jene, die wirklich herausragend sind und denen die Ökonomie am Herzen liegt, diese Enge überwinden und sich öffnen. Ganz schlimm sind die zweitklassigen Physiker und Mathematiker, die in ihrem Fach nicht vorwärtskommen und dann unser Fachgebiet besetzen.

FREY: Wir bräuchten in der Schweiz eine School of Public Policy wie in Amerika. In Yale gibt es das. Dort wird wirklich hochrangige Ökonomie auf drängende Probleme angewandt. Das ist an den wirtschaftswissenschaftlichen Abteilungen der Schweizer Universitäten, aber auch weltweit, praktisch verschwunden. An einer solchen wirtschaftspolitischen Schule wird nicht einfach dahergeredet, sondern wirklich analysiert. Gerade für die Public Policy ist die Empirie besonders wichtig, es ist wichtig, dass wir die unheimlich vielen Zahlen, die wir zur Verfügung haben, hervorragend verarbeiten.

Sie sind doch ein Beispiel dafür, dass auch in der Schweiz angewandte Forschung möglich ist?

SCHILTKNECHT: Wichtig wäre auch die Mobilität zwischen Wirtschaft, Verwaltung und Hochschule. Wir haben fest zementierte Strukturen. Die Hochschulen sind nicht flexibel, die Unternehmungen auch nicht, die Verwaltungen noch weniger. Die gegenseitige Befruchtung fehlt. Eine intensive Kommunikation und ein Personenaustausch zwischen den Bereichen bleiben aus.

BORNER: Wenn man schweizerische Probleme untersucht, kann man das international praktisch nicht publizieren, weil das niemanden interessiert. Diejenigen, die sich so verhalten, wie das Bruno verlangt hat, die sich schweizerischer Themen annehmen, sind doppelt bestraft. Beispielsweise sind die Verzerrungswirkungen der schweizerischen Mehrwertsteuer – sie sind enorm – ein sehr wichtiges Thema. Aber das international zu veröffentlichen, ist sehr schwierig. Und deshalb variiert man lieber gängige Modellchen, weil man das leicht publizieren kann. Wir müssen uns vermehrt wieder unserer konkreten Probleme annehmen, wir müssen auch beim Nachwuchs den Praxisbezug fördern, und wir müssen die Durchlässigkeit erhöhen. Sonst besteht die Gefahr, dass Parteien und Verbände die Wirtschaftspolitik für sich vereinnahmen. Die Produkte ihrer Studienabteilungen oder ihrer Hoflieferanten dominieren die Medien. Und was da als ökonomische Studien verkauft wird, ist oft von haarsträubender Qualität.

Vorhin fiel der Begriff, es habe nichts genützt ...
FREY: Es gibt viele Gebiete, wo die Ökonomie enorm erfolgreich ist. Die Geldpolitik ist eines. Auch in der Umweltpolitik waren am Anfang alle gegen die ökonomischen Vorschläge, die Grünen am meisten. Die sind jetzt total auf die ökonomische Richtung eingeschwenkt. Ich hoffe, dass es in der Verkehrspolitik ähnlich gehen wird.

Was meinen Sie mit «ökonomische Richtung»?
FREY: Das bedeutet, dass die Umweltverschmutzer dafür bezahlen sollen. Ähnliches gilt für die Verkehrspolitik. Dort heisst es, wir müssten mehr Strassen und Tunnels bauen, wenn beobachtet wird, dass der Verkehr langsam fliesst. Dann werden die Alpen mit Tunnels durchbohrt, aber der Verkehr wird ungefähr gleich langsam fliessen, denn es fahren dann mehr Leute mit dem Auto. Eine ökonomische Lösung ist das Road Pricing, bei der jene, die diesen Stau verursachen, entsprechend belastet werden. Das führt zu total andern Auswirkungen – und sehr viel besseren.
SCHILTKNECHT: Die Betonung der Preise, insbesondere der relativen Preise, ist zentral. Welchen Einfluss man hat, wenn man die Leute für die Bedeutung der Preise sensibilisiert, ist schwierig zu messen. Wichtig ist, dass ihnen die Bedeutung bewusst ist. Stellen Sie sich vor, die SBB würden echte Strompreise verrechnen. Welches Defizit würde sich dann ergeben! Doch den Leuten wird mit falschen Preisen ständig Sand in die Augen gestreut. Deshalb fordern wir

Ökonomen Transparenz, echte Preise. Nur so können die Leute für wirtschaftliche Probleme sensibilisiert werden.
BORNER: Man darf auch die Ausbildung nicht vergessen. Bei mir haben mindestens 10 000 junge Menschen im Verlaufe von 30 Jahren Markt- und Preistheorie gehört.

Umgelegt auf Sie drei ergibt das 30 000.
BORNER: Das sind immer noch wenig.
SCHILTKNECHT: Zu meiner Zeit hatte die Marktwirtschaft, der Liberalismus, noch einen riesigen Stellenwert im Unterricht. Heute geht man relativ schnell zur formalen Ausbildung über; wer einen guten Abschluss haben will, konzentriert sich auf die mathematische Seite. Wir sprechen heute vielleicht auch die falschen Leute an. Das sieht man im Finanzmarktbereich. Dort wimmelt es nur so von Physikern und Mathematikern. Leute dagegen, die sich mit dem Verhalten und den Reaktionen der Menschen beschäftigen, gibt es immer weniger. Wir sollten in der Ausbildung wieder mit den ganz fundamentalen Fragen beginnen: Was ist ein Markt? Wie funktioniert er? Was sind Suchprozesse? Was sind Lernprozesse? Auf diesem Gebiet macht man zu wenig.

Gibt es nicht noch mehr Spuren der Ökonomie in der Wirklichkeit? Die Principal-Agent-Theorie etwa bestimmt heute zu einem grossen Teil das Verhältnis zwischen Aktionär und Unternehmen.
SCHILTKNECHT: Das ist eine interessante Entwicklung. Michael Jensen, einer der bahnbrechenden Ökonomen auf dem Gebiet der Corporate Governance, war der erste Volkswirtschaftler, den man an der Harvard Business School engagiert hat. In der Folge sind neue Fragen gestellt, andere Betrachtungsweisen eingeführt und Verknöchertes aufgebrochen worden. Ähnliche Prozesse könnte es in andern Wissensgebieten geben, beispielsweise im Bereich der mathematischen Ökonomie.
Die Fachgebiete sind heute zu stark segmentiert. Wer sich einmal für ein Gebiet entschieden hat, kommt mit den andern Studenten

kaum mehr in Kontakt. Dabei gibt es vor allem im Grenzbereich zwischen Volks- und Betriebswirtschaft interessante Fragen. Nehmen wir etwa das, was man populär als «Heuschrecken-Theorie» bezeichnen könnte. Diese Private-Equity-Firmen werden immer als Bösewichte hingestellt, obwohl sie vielleicht in 80 Prozent aller Fälle den Finger als Aktionär auf einen wunden Punkt legen und nur in rund 20 Prozent der Fälle unternehmerische Fehlleistungen produzieren.
Entscheidend für die Qualität der Hochschulen ist nicht zuletzt auch deren Flexibilität und Bereitschaft, offen für alles Neue zu sein. Unser System, bei dem einer, wenn er einmal gewählt ist, fürs Leben gewählt ist, wird dieser Forderung nicht gerecht.

Sehen Sie neben der Geldpolitik und der Principal-Agent-Theorie weitere Bereiche, in denen nicht nur die Ökonomie insgesamt, sondern Sie drei in der Schweiz ganz konkret etwas verändert haben?

BORNER: Man muss trotzdem bescheiden bleiben. Ich sehe unseren Beitrag darin, das Denken in Preisen in die Diskussion eingeführt zu haben. Ein Problem ist, dass beispielsweise die öffentliche Verwaltung stark durch Juristen dominiert ist. Wir sehen, was es ausmacht, wenn mit Jean-Daniel Gerber ein Ökonom ein Bundesamt leitet. Meine Hoffnung ist, dass irgendwann einmal die angewandte Mikroökonomie ähnlich erfolgreich werden wird, wie das auf der Makroebene, bei der Geldpolitik, geschehen ist. Anzeichen der Besserung sehe ich allmählich auch in der Finanzpolitik, in der Analyse der Wirkung von Ausgaben und Einnahmen sowie der Umverteilungen, die stattfinden. Ich glaube, da wird ein Umdenken sichtbar. Aber auf vielen Gebieten haben wir mit grossen Feinden zu kämpfen: mit Ideologien, die nicht liberal sind, und mit organisierten Interessen, die verstehen, wie die marktwirtschaftliche Lösung funktionieren würde, aber sie aus Eigeninteresse heraus ablehnen. Man könnte die Gewerkschaften nennen, die Landwirtschaft ...
SCHILTKNECHT: ... oder einen Unternehmensverband, der beim neuen Aktienrecht gegen alles ist, was die Marktwirtschaft fördern

würde. Wir haben leider keine Eigentümerpartei mehr. Die Eigentümer, vor allem die echten Unternehmer, sind am Aussterben. Das ist ein Problem. Deshalb wird die Durchlöcherung der Eigentumsrechte laufend hingenommen, ohne dass sich jemand dagegen auflehnen würde.

Haben das die Ökonomen genügend thematisiert?
FREY: In letzter Zeit wird gesehen, dass die institutionellen Besitzer sehr wichtig geworden sind, also unsere Pensionskassen im Wesentlichen. Und dass da dann wieder ein Prinzipal-Agenten-Problem grossen Ausmasses existiert. Die Leiter der Pensionskassen fühlen sich nämlich nicht besonders verantwortlich für uns alle. Das kann man gut erklären. Da muss es wirklich eine wesentliche Änderung geben, die endlich die Interessen der Pensionsinhaber berücksichtigt.
SCHILTKNECHT: Der Staat schreibt immer mehr vor, wohin das Geld fliessen soll. Früher hat jeder gespart und sich vielleicht ein Haus gekauft. Heute sagt man, so viel in die Pensionskasse, so viel in die AHV, so viel in die IV, so viel in die Arbeitslosenversicherung. Am Schluss bleibt nichts mehr, um privates Eigentum zu bilden.

Damit sind wir bei der Sozialpolitik angelangt. Die heutigen Probleme sind schon in den 1970er-Jahren erkannt worden – geändert hat sich nichts.
BORNER: Da haben wir ein Problem mit der Langfristigkeit. Ruth Dreifuss beispielsweise hat Anweisung gegeben, mit den Modellrechnungen dort aufzuhören, wo es heiss wird. Der politische Prozess hat Schwierigkeiten, Probleme zu verarbeiten, deren Konsequenzen weit in der Zukunft anfallen. Da ist es relativ leicht, die Bedenken zu zerstreuen und zu sagen, die AHV-Rechnung ist positiv, es sieht gut aus. Das Zweite sind die Umverteilungsinteressen. Hier hilft auch ein Modell weiter, das Median-Wähler-Modell. Darauf habe ich schon früh hingewiesen. Wenn der Medianwähler – von denen, die tatsächlich an die Urne gehen – 55 Jahre alt ist, verschiebt sich die Mehrheit zugunsten der Älteren. Die

Mittfünfziger versuchen, die Umverteilung noch einige Jahre zu retten, bis auch sie «on the safe side» sind. Das sind Mechanismen, die man ökonomisch-rational erklären kann.

Das ist keine neue Erkenntnis ...
SCHILTKNECHT: ... aber interessant daran ist der Unterschied zur Geldpolitik. Wir haben in der Geschichte erlebt, was Inflation bedeutet. Wir haben aber noch nicht wahrgenommen, was die heutige Umverteilung an negativen Folgen für uns alle bringt. Intellektuell können wir die Probleme wahrnehmen, wir können sagen, die Wachstumsverlangsamung ist eine Folge davon. Aber die wirtschaftspolitischen Konsequenzen daraus zu ziehen, ist enorm schwierig.

Das heisst: Nur wenn wir etwas in der Realität
erfahren, ändern wir unser Verhalten.
SCHILTKNECHT: Ich sage nur, der politische Rückhalt für die Inflationsbekämpfung kam, weil die Leute gemerkt haben, welche persönlichen Nachteile eine Inflation mit sich bringt. Die Realisierung eines Problems ist eine wichtige Voraussetzung für wirkungsvolles politisches Handeln.
BORNER: Ich bin nicht so negativ. Praktisch alle Pensionskassen sind vom Leistungs- zum Beitragsprimat übergegangen, haben im überobligatorischen Bereich relativ schnell Umwandlungssätze und technische Zinsen angepasst. Die Probleme liegen mehr beim Staat, bei den öffentlichen Kassen und bei der AHV. Der private Vorsorgebereich, selbst der halbstaatliche, hat dagegen Anpassungen vorgenommen.

Aber nicht, weil Sie «gepredigt» haben. Erst wenn
etwas passiert, begreifen die Leute.
SCHILTKNECHT: Wir sind immerhin so weit, dass wir den Leuten sagen können, was zu tun ist, wenn bestimmte Szenarien eintreffen. Das ist nicht zu unterschätzen, denn damit steigt die Chance, dass man in einer Krise das Richtige macht. Die Entwicklung von

Rezepten für die Krisenüberwindung ist eine wichtige Aufgabe der Ökonomie.

FREY: Ich habe nicht die Sicht «die Politiker müssen umsetzen, was die Ökonomie predigt». Für mich müssen in einer Demokratie die Einsichten, die wir Wissenschaftler gewinnen, an die Bürger gehen. Sie müssen entscheiden. Man muss auch vergleichen. Sicher wird in einer Demokratie vieles nicht vorhergesehen. Aber in einer Diktatur wird noch weniger vorausgeblickt. Ein Beispiel: Ich war vor 20 Jahren in Peking und war der Meinung, dass es eigentlich gut läuft: Jeder fährt Velo, zwar langsam, aber er fährt. Kürzlich war ich wieder dort: riesige Staus –, und es gibt keine Untergrundbahn. Auch ist die Zeit schon vorbei, in der man Untergrundbahnen vernünftig hätte bauen können. Ich habe früher gedacht, eine diktatorische Partei macht vieles falsch, aber schaut länger in die Zukunft. Doch das ist nicht der Fall. Diktatoren denken überraschend kurzfristig. Da sind manche Dinge, die wir in der Demokratie langsam und schwerfällig machen, dann doch nicht so schlecht.

In der Frage Demokratie versus Diktatur sind Sie sich einig. Herr Borner ist aber kritischer gegenüber der direkten Demokratie.

BORNER: Ich bin eben auch ein liberaler Homo politicus. Wenn ich die Literatur betrachte und mit ausländischen Politologen spreche, ist man sich ziemlich einig, dass Demokratie nicht einfach auf das Mehrheitsprinzip reduzierbar ist. Ich glaube, da haben auch meine beiden Kollegen nichts dagegen einzuwenden. Ich bin der Meinung, dass beispielsweise die individuelle Freiheit auch vor der Mehrheit geschützt werden muss, dass es Gewaltenteilung braucht – die Checks-and-Balances-Idee der USA –, dass Rechtsstaatlichkeit wichtig ist und dass wir uns selbst freiwillig, aber verbindlich Freiräume aussparen sollten. Ich bin letztlich Konstitutionalist, was heisst, dass es Metaregeln geben soll, die schwieriger zu verändern sind als andere. Und mir scheint, wir verletzen in der Schweiz auf Bundesebene mit unserer fast völlig offenen Verfassung einige dieser Prinzipien. Ich kann das vielleicht illustrieren: Alle freuen sich, dass Doris Leuthard Bundesrätin geworden ist und reden von ihren schönen Augen. Aber was ist das für ein Land, in dem jemand aus der Regierung zurücktritt und dann folgt eine Thronfolgerin – wie in einer Monarchie. Wo ist die Mitwirkung von Parlament und Volk? Wo? Das beschäftigt mich.

Vielleicht sind die Bundesräte nicht so wichtig, dass es sich lohnen würde, gross mitzureden?
BORNER: Mich stört, dass im Zwangskorsett der Konkordanz alle Freiheitsgrade aufgebraucht worden sind. Mich stört auch, dass die Bundesräte selber entscheiden können, wann sie gehen wollen. Erklären Sie einem Engländer, dass man eine Regierung nicht abwählen kann!

Sie weichen aus?
BORNER: Nein. Dass wir einen so enormen Konkordanzdruck haben, ist die Folge der Referendumsdemokratie. Wir haben eine permanente grosse Koalition, die zwischen 80 und 90 Prozent des Parlaments umfasst. Die nächste Stufe wird sein, dass ein Grüner oder eine Grüne auch noch ins bundesrätliche Boot aufgenommen wird. Für mich hängen diese Aspekte zusammen. Diese Auffassung wird von namhaften Politologen geteilt. In den USA erkennt man, dass die direktdemokratischen Exzesse zum Beispiel in Oregon oder Kalifornien zu sehr problematischen Zuständen führen. Man kann unter Demokratie Verschiedenes verstehen, man kann die einzelnen Elemente, die das System bestimmen, verschieden gewichten. Für mich sind die ungünstigen Entwicklungen in der schweizerischen Politik letzlich durch die übermächtige Allgegenwart des Referendums bestimmt.

Herr Schiltknecht, teilen Sie diese Auffassung?
SCHILTKNECHT: Grundsätzlich bin ich immer ein Anhänger der direkten Demokratie gewesen. Aber ich sehe natürlich auch, dass es viele Probleme gibt. Was mich im Moment am meisten beschäf-

tigt, ist die Überhandnahme von sozialistischem Gedankengut, die Vorstellung, dass alles harmonisiert, zentralisiert und gleich sein muss. Das ist Sozialismus in Reinkultur. Wenn die Mehrheit in einer Demokratie diese Ansicht vertritt, wird dies zu einem Problem. Diese Gleichschaltungstendenz ist eines meiner grössten Bedenken. Um eine solche Entwicklung zu verhindern, sollte man Schranken einbauen, damit die Rechte der Minderheiten – und dazu gehören auch die wirtschaftlich Erfolgreichen – geschützt werden. Die Harmonisierungsbestrebungen, die Ausschaltung des Wettbewerbs zwischen den politischen Systemen, die Ausschaltung des Steuerwettbewerbs – das ist alles Abbau des Minderheitenschutzes. Wenn wir auf diesem Weg weitergehen, werden wir so enden wie die sozialistischen Staaten, in Armut.

Ist das eine Folge der direkten Demokratie?
SCHILTKNECHT: Die direkte Demokratie neigt dazu, den Minderheiten ausreichend Beachtung zu schenken.

Weniger als die parlamentarische?
SCHILTKNECHT: Dort haben wir ähnliche Probleme. Dazu kommt das Problem der Mediokrität. Politiker zu sein, ist weder attraktiv noch einfach. Zahlreiche Politiker haben ausserhalb der Politik keine grossen Zukunftsperspektiven. Deshalb ist für sie die Wiederwahl so wichtig. Früher beteiligten sich die Exponenten der Wirtschaft – die Unternehmer, die Gewerbetreibenden und die Gewerkschafter – noch direkt an der Politik. Ich erinnere an Leute wie Escher. Mich stören Interessenvertreter nicht. Es ist deren gutes Recht, ihre Interessen zu vertreten. Was mich heute stört, ist eine zunehmende Zahl von Politikern, die keine klare Linie mehr verfolgen, sondern sich in ihren politischen Entscheidungen an Umfrageergebnissen oder an der Haltung der Massenmedien orientieren. Wenn beispielsweise die Umfragen sagen, die Mehrheit ist gegen die Privatisierung der Swisscom – dann ist man eben auch dagegen. Wir haben heute eine von Umfragen und Massenmedien getriebene Politik. Manchmal ist es zum Verzweifeln.

Haben Sie die Lösung, Bruno Frey?
FREY: Ich bin völlig anderer Meinung in dieser Frage. Ich finde, die Schweiz hat wirklich zwei Institutionen, und die sind unglaublich gut: Das sind die direkte Demokratie und die Dezentralisierung, der Föderalismus. Die direkte Demokratie erlaubt uns eben, mittelmässige Personen an der Spitze zu haben. In andern Demokratien müssen es Spitzenleute sein. Die hat man selten. Man sollte den Vergleich mit andern Ländern nicht scheuen. Das Letzte, was wir gesehen haben, dieser Aufruhr in Frankreich, das war wunderschön.

Wunderschön, um Ihre These zu untermauern.
FREY: Genau: Da hat die Regierung etwas beschlossen, und die Strasse hat es rückgängig gemacht, natürlich unterstützt durch Interessengruppen wie die Gewerkschaften. Diese haben die Leute sicher auch monetär unterstützt, damit sie auf die Strasse gehen. Was wäre in der Schweiz passiert? Man hätte eine Initiative lanciert, und dann wäre ein echter Diskurs entstanden. Hier bin ich der gleichen Meinung wie Silvio. Demokratie ist nicht Mehrheitsabstimmung, sondern Diskussion innerhalb von Regeln. Und die wird in der direkten Demokratie sehr gut erreicht. Das Zweite, die Dezentralisierung, ist eine der ganz grossen Stärken der Schweiz. Für mich war vor diesem Hintergrund der Entscheid der Glarner Landsgemeinde sehr enttäuschend. 25 Gemeinden auf drei Gemeinden zu reduzieren, halte ich für einen Riesenblödsinn. Aber es wurde so entschieden, insofern kritisiere ich das nicht, aber ich glaube, wenn die Aufteilung in diese drei lächerlichen Grossgemeinden kommt, Hinter-, Vorder- und Mittel-Glarus, dann werden die Leute allmählich begreifen, was sie verlieren. Sie tauschen nämlich die politische Entscheidung mit einer reinen bürokratischen Entscheidung. Denn in den kleinen Orten werden die Gemeindeämter bleiben, aber – wenn es durchkäme – als rein bürokratische Einheiten. Vom Zentrum wird ihnen dann gesagt, was sie zu tun haben. Es ist ein Sieg für die Bürokratie. Ich hoffe, dass sich die Glarner Bevölkerung das noch überlegt und es an der nächsten Landsgemeinde wieder ändert.

BORNER: Bei der Dezentralisierung haben wir, glaube ich, keine Meinungsunterschiede. Ich will mich weit hinauslehnen und etwas zu Frankreich sagen:
Frankreich hat eine Tradition des Politisierens auf der Strasse, die bis zu der Französischen Revolution zurückgeht. Als Ökonom muss man aber eine Kosten-Nutzen-Überlegung machen. Meine Prognose lautet, dass dieser Protest dazu führen wird, dass es mit den Reformen doch relativ zügig vorwärtsgehen wird. Ich erinnere daran, dass die Privatisierung von Telecom-Firmen in Frankreich weiter fortgeschritten ist als bei uns. Man muss eben immer schauen, was tatsächlich geschieht, und man muss sich dann auch fragen, was bei uns geschehen wäre. Bei uns hat man beispielsweise, um die Personenfreizügigkeit mit der EU referendumssicher zu machen, mit sogenannten flankierenden Massnahmen die letzten Ladenhüter der Gewerkschaften auf Verfassungsstufe eingebaut – und das bleibt jetzt 20 Jahre oder mehr so stehen. Daher frage ich mich, ob selbst ein Streik oder ein paar wüste Strassenproteste a priori immer schlechter sind, als wenn vor lauter Konsens Dinge in die Verfassung kommen, die nicht verfassungswürdig sind und die langfristig sehr schädliche Auswirkungen haben. Das sehen wir bei der Swisscom. Deshalb haben wir auch eine Art Politik der Strasse, nämlich der Medien, des *Blick* – diese Kampagne wegen der Kampfhunde –, der «Arena» – das darf man nicht unterschätzen.

Das tönt nach Kultur- und Zivilisationskritik.
SCHILTKNECHT: Wir müssen die Organisationsstruktur der Demokratie an die heutige Entwicklung anpassen. Wir haben zum Beispiel die Bestimmungen über notwendige Unterschriftenzahlen nicht der Bevölkerungsentwicklung angepasst. Wir machen Initiativen und Referenden zu einfach. Wir sollten wieder grundsätzlich über die Organisation der direkten Demokratie diskutieren. Wenn man die Staatsquoten anschaut und hört, dass die Steuergesetzgebung in der Schweiz harmonisiert werden müsse, weil der Druck der EU komme, dann sind das gefährliche Signale. Die weltweiten Harmonisierungs- und Zentralisierungstendenzen bedeuten letzt-

lich nichts anderes als die Ausschaltung des intellektuellen Wettbewerbs. Was Not tut ist eine vermehrte Delegierung der Entscheidungen nach unten. Wir haben auch in der Schweiz zu viel Entscheidungen nach oben delegiert, nicht zuletzt in der Hoffnung, der Bund zahle dann. Wenn alles zentralisiert wird, werden mit der Zeit auch demokratische Entscheidungen fragwürdig.

FREY: Das gilt auch für die Hochschulpolitik. Es wird immer von Wettbewerb geredet, aber gleichzeitig wird harmonisiert, zum Beispiel beim Semesterbeginn. Ich sehe überhaupt nicht ein, warum man das harmonisiert hat. Jede Universität sollte das nach ihren Bedürfnissen gestalten. Jetzt haben wir sogar den Unsinn gemacht, mit Amerika gleichzuziehen. Das bedeutet, dass wir Professoren nicht mehr nach Amerika gehen können, wenn dort Semester ist. Davon haben wir bisher sehr profitiert. Umgekehrt können die amerikanischen Professoren nicht mehr im Mai oder Juni zu uns kommen, weil wir das gleichgeschaltet haben. Das ist ein sehr schönes Beispiel, wie negativ Harmonisierung sein kann.

Aber hier ist sie demokratisch legitimiert.

BORNER: Auch Bildung ist eben ein Beispiel für die Probleme der Demokratie. Bei der Abstimmung über den Bildungsartikel erhebt sich kaum Opposition. Warum? Weil man in erster Linie alle etablierten Interessen unter einen Hut gebracht hat. Dadurch wird die Vorlage so komplex, dass man sie nicht mehr durchschaut und die eigentlichen Ziele untergehen. Ich habe mir die «Steuerung» des universitären Bereichs näher angesehen. Das ist inhaltlich grauenhaft – aber politisch «referendumssicher». Die Funktionäre der Universitäten fühlen sich an diesen bürokratischen Gängelbändern wohler als im Wettbewerb. Deshalb opponiert niemand.

Was können Ökonomen generell zu Ordnungsfragen
der Wirtschaft und Gesellschaft sagen?

FREY: Die Idee des Wettbewerbs, der Öffnung, ist entscheidend. Das sehen wir, wenn es darum geht, billige Medikamente oder generell billigere Waren in die Schweiz zu importieren. Generell

wird der Wettbewerb ja immer bejaht, aber dann heisst es jeweils, dass es sich eben um eine Ausnahme, einen Sonderfall handle. Das ist schon unheimlich wichtig: Wettbewerb als ein Verfahren, das zu guten Ergebnissen führt. Das gilt in der Politik und in der Wirtschaft. Die meisten Leute haben eine Abneigung gegen Wettbewerb und ziehen ihm die Harmonisierung vor.
SCHILTKNECHT: Man kann nicht genug betonen, dass eine Gesellschaft Unterschiede braucht und dass diese etwas Positives sind. Seit der Kommunismus im Osten nicht mehr existiert und wir keine Negativbilder mehr vor der Haustür haben, kommen die alten, ideologisch gefärbten Bilder von Gleichheit und Gerechtigkeit mit einer unheimlichen Wucht wieder zurück, Bilder, die wir längst überwunden glaubten. Dagegen müssen wir neue Konzepte finden. Beispielsweise sollten wir weniger von «gleich», dafür mehr von «fair» reden. Um das zu verdeutlichen: Unter dem Motto «Gleichbehandlung» kann man zum Schluss kommen, jeder Aktionär müsse genau gleich behandelt werden, unabhängig davon, ob er 50 Prozent an einer Firma besitzt oder nur eine Aktie. Wenn man dagegen vom Konzept der Fairness ausgeht, werden viele Leute sagen, dass es doch nicht fair sei, den mit 50 Prozent gleich zu behandeln wie den mit einer Aktie. Das Fairnesskonzept ist etwas anderes als das Gleichheits- und Gerechtigkeitskonzept und würde wahrscheinlich zu andern Gesetzgebungen führen. Die Tendenz zur Gleichschaltung verunmöglicht häufig Differenzierungen, die im Interesse einer gut funktionierenden Wirtschaft und Gesellschaft wichtig wären.
FREY: Mir scheint, dass Fairness da nichts bringt. Die meisten Leute würden wohl sagen, es sei fair, dass der kleine Aktionär gleich mitreden kann wie der grosse. Wichtig ist das richtige Vorgehen, der gerechte Prozess. Das führt zur Chancengleichheit. Interessant ist ja, dass sowohl Silvio als auch ich aus Familien kommen, aus denen früher nie jemand an der Universität war.
SCHILTKNECHT: Das ist bei mir auch so.
FREY: Solange wir in einer Gesellschaft leben, in der wir diese Chancengleichheit kennen und aufrechterhalten, ist das gut. Da brauchen wir nicht Gerechtigkeit oder Gleichheit im Ergebnis.

BORNER: Es tönt vielleicht abgedroschen, aber für mich ist die individuelle Freiheit neben dem Wettbewerb das Zentrale. Deshalb muss sich in einer Demokratie auch die Mehrheit gefallen lassen, dass es auch für sie Schranken gibt. Auch im Unterricht betone ich jetzt stärker, dass die individuelle Freiheit und die Eigentumsgarantie zentral sind. Das ging vielleicht schon etwas vergessen. Ich kann mich noch gut an meine Studienzeit erinnern: In St.Gallen lehrte ein tschechischer «Reformer» namens Ota Sik, der uns erklären wollte, wie eine Marktwirtschaft auch ohne Privateigentum funktioniert. Ich gehörte zu jenen wenigen, die das schon damals ziemlich sozialromantisch fanden. Ich staune auch heute immer wieder, wie ständig neue Dritte Wege erfunden werden. Die Angelsachsen scheinen dafür weniger anfällig zu sein. In der amerikanischen Verfassung steht ja nicht, dass man ein Recht auf Glück habe, sondern nur auf das Streben nach Glück (the pursuit of happiness). Das ist ein individuelles Konzept. Lange Zeit war die Schweiz in diesem Sinne eine offene, mobile Gesellschaft mit vielen Chancen, und zum Teil ist sie das auch heute noch. Aber wenn wir für junge Menschen, die von zu Hause weglaufen, Sozialhilfe leisten, fügen wir ihnen meines Erachtens auch als Menschen langfristig Schaden zu. Junge und gesunde Fürsorgeempfänger verlieren jede Selbstverantwortung und jeden Selbstwert. Das ist die wahre (individuelle) Tragik der Sozialpolitik.

Jetzt sind wir in der Wertedebatte. Der Wettbewerb, von dem Bruno Frey gesprochen hat, ist eher ein Instrument. Die individuelle Freiheit dagegen oder das Glück sind so etwas wie oberste Ziele. Was sind Ihre obersten Werte, ist das, wie Kritiker gelegentlich behaupten, einfach die Effizienz?

BORNER: Sehr verkürzt kann man sagen, das Individuum ist das Wichtigste. Natürlich kann das Individuum nicht allein überleben. Deshalb ist die Interdependenz in der Marktwirtschaft so zentral. Infolgedessen ist der Wettbewerb nicht einfach ein Instrument neben andern, sondern er hat einen Wert an sich, weil er ein Koordinationsmechanismus ist, der – wie wir seit Adam Smith wissen – die individuelle Freiheit intakt lässt. Alle kollektivistischen Gegenentwürfe tun das nicht. Deshalb ist der Wettbewerb nicht nur für die Effizienz wichtig, sondern auch für das Überleben der offenen Gesellschaft (wie sie Karl Popper genannt hat). Ich bin daher nicht der Ansicht, dass wir a priori gesellschaftliche und sozialethische Korrektive brauchen, sondern dass im Wettbewerb selbst eine ethische Dimension liegt. Das unterscheidet mich fundamental von all denjenigen, die zuerst eine gerechte Sozialordnung verwirklichen wollen, bevor sie den Marktkräften ihre Spielwiese im Hinterhof zu überlassen bereit sind. Mit diesen selbst im Inlandteil der NZZ gern gesehenen Kreisen sehe ich keine intellektuellen oder politischen Überschneidungen. Ich sehe keine Brücken, die zwischen Liberalen und Kollektivisten gebaut werden könnten. Denn Kollektivisten bleiben sie für mich allemal, auch wenn sie sich – das ist das «Schönste» am Ganzen – das samtene Mäntelchen des sozialen Liberalismus umhängen und mit sanften Schalmeientönen verkünden: «Wir sind die Liberalen der Zukunft und ihr seid die ewiggestrigen Ideologen von vorgestern.»

Das ist ja fast paradox: Alle wollen Liberale sein.
BORNER: Ja, aber diejenigen, die es wirklich sind, werden als Neoliberale beschimpft und verunglimpft.
FREY: Was den Gegensatz Individuum – Kollektiv betrifft, sind wir uns einig. Ich finde aber, dass viel zu oft über Effizienz in einem Pseudosinn gesprochen wird, in einem vordergründigen, technischen Sinn, zum Beispiel, dass es billiger sei, drei Gemeinden zu führen statt 25. Das ist ein völlig falsches Denken. Man muss überlegen, wie die Bedürfnisse der Bevölkerung berücksichtigt werden, wenn man 3 anstatt 25 Gemeinden hat. Und da würde ich sagen, bei 25 ist es in vielerlei Hinsicht sehr viel besser. Natürlich können die 25 zusammenarbeiten, wo sie es für sinnvoll erachten.

Das tönt fast nach einem wohlfahrtsstaatlichen
Ansatz, dieses Denken von oben.

BORNER: Deshalb würde ich sagen: Lasst doch die 25 Gemeinden selbst entscheiden, ob sie fusionieren wollen. Falsch ist, dass eine obere Ebene befiehlt. Wenn wir ihnen die freie Wahl belassen, müssen sich die 25 Gemeinden selber mit ihren Kosten und Nutzen auseinandersetzen. Und das führt im Wettbewerb zwischen den Gemeinden zu richtigen Lösungen.

SCHILTKNECHT: Es gibt eine Effizienz auf dem Papier und eine in der Wirklichkeit. Ich meine damit Folgendes: Wenn man alle Autofirmen der Welt zusammenschliesst, braucht es nur noch eine Finanzabteilung, nur noch eine Entwicklungsabteilung; man kann riesige Serien produzieren usw., alles wird somit effizienter und damit billiger. Russland hat uns diese «effiziente» Lösung vorgeführt. Es hat uns mit seinen Autos vor Augen geführt, was herauskommt, wenn man die gescheitesten Ingenieure und die bestgeschulten Leute in einer einzigen Autofirma zusammenbringt. Die Erfahrungen der kommunistischen Länder zeigen, wie wichtig es ist, viele Suchprozesse in einer Wirtschaft zu haben. Wettbewerb und Dezentralisierung begünstigen diese Suchprozesse enorm. Man sucht nicht nur nach der effizientesten Produktionsmethode, sondern auch nach neuen Produkten, nach solchen, welche die Individuen wollen und mit denen man im Wettbewerb bestehen kann. Diese Vielzahl von Prozessen führt mit der Zeit zu einer ökonomischen Effizienz.

Die Orientierung an der kurzfristigen technischen Effizienz ärgert mich häufig: Wenn zwei Grossunternehmen fusionieren, sagt man oft, wie viele Millionen Franken an Kosten gespart, indem so und so viele Arbeitnehmer abgebaut werden. Doch die Wirklichkeit sieht meistens anders aus. Ich sage dann: Schaut euch die grössten Pharmafirmen der Welt an. Vor etwas mehr als 15 Jahren war Hoechst die Pharmagesellschaft mit der grössten Börsenkapitalisierung. Heute gibt es Hoechst nicht mehr. Auf Hoechst folgt Glaxo SmithKline. Nach einigen Problemen und einer schwächeren Produktepipeline fiel deren Börsenkapitalisierung hinter diejenige von Merck zurück. Die Aktienmärkte waren überzeugt, dass die vertikale Integration aller unternehmerischen Aktivitäten der beste und Erfolg versprechendste Ansatz sei. Nach Merck kam Pfizer, doch auch dieser Konzern ist mit zunehmenden Problemen und einem stark gesunkenen Aktienkurs konfrontiert. Mithilfe der Medien werden Mythen über die wirtschaftlichen Vorteile von Riesenkonzernen aufgebaut. Vielleicht liegt der Grund der Übernahmen und Zusammenschlüsse grosser Konzerne nur darin, den Wettbewerb möglichst auszuschliessen. Denn eines ist sicher, die meisten Manager lieben Wettbewerb nicht.

FREY: Und zum Teil gewisse Zeitungen, die Dezentralisierung gleichsetzen mit «byzantinisch» oder schlicht mit «Kantönligeist».

SCHILTKNECHT: Der kreative Prozess der Suche nach dem Besseren, der Auseinandersetzung mit der Konkurrenz, führt zu Effizienz. Der Gedanke des Wettbewerbs als Entdeckungsverfahren wurde von Friedrich von Hayek wunderbar entwickelt. Seine Artikel und Vorträge sind nach wie vor von ungewöhnlicher Brisanz und Bedeutung. Ich habe erst im Laufe meines Lebens begriffen, welch geniale Leistung Ökonomen wie von Hayek hervorgebracht haben. Das Gleiche gilt für Coase mit seiner Charakterisierung der Unternehmung. Solche Ökonomen haben mir Dinge verständlich gemacht, die ich lange nicht oder nur teilweise begriffen hatte. Dieses Verständnis für wirtschaftliche Zusammenhänge zu wecken, ist eine wichtige Aufgabe von uns Ökonomen. Wir müssten eigentlich jede Woche einen Artikel schreiben, wie gut Markt und Wettbewerb sind, bis es die Leute entweder verstehen oder nicht mehr hören können.

Einer pro Woche genügt vermutlich nicht.

SCHILTKNECHT: Sie haben wohl recht. Wir marschieren im schnellsten Tempo auf Sozialismus zu – dank dieser Harmonisierungsbestrebungen allenthalben. Ich bekomme Zustände, wenn ich sehe, was etwa an den Universitäten passiert. Da wird bei uns unreflektiert das Bologna-System eingeführt und man versucht, das amerikanische Universitätssystem zu kopieren. Auch bei den Schulen wird fleissig harmonisiert, wie wenn jemand wüsste, was die richtige Schule für morgen ist.

BORNER: Paradoxerweise wird all das unter dem Titel der Freizügigkeit der Studierenden verkauft. Dabei muss man sehen, wie wenig davon Gebrauch gemacht wird. Und umgekehrt: Bei berühmten Leuten heisst es oft: «Studierte in Basel, London und Paris.» Also war es offensichtlich früher auch schon möglich. Die Zentralisierung hängt mit der Bürokratisierung zusammen. Ich würde mir unter den gegenwärtigen und zu erwartenden Bedingungen gründlich überlegen, ob ich heute nochmals vollamtlicher Professor werden wollte. Kürzlich hat bei uns eine Ethik-Kommission Dinge geschrieben wie: «Wir müssen unsere Forschung nicht nur nach ökonomischen, sondern auch nach ökologischen Kriterien ausrichten.» Ich habe eine Stellungnahme geschrieben und gefragt: «Wollt ihr zurück ins Mittelalter? Habt ihr die Aufklärung vergessen?» Aber die meisten Kollegen haben schon resigniert. So flattern halt von Jahr zu Jahr neue Formulare mit unsinnigen Fragen, neue Vorschriften mit undurchführbarem Inhalt oder neue Berichte über Gleichstellung der Geschlechter, über Ethik in der Forschung, strategische Schwerpunkte bis hin zu immer neuen Kooperationsprojekten auf den Schreibtisch. Der politische Ökonom weiss nur eines: Irgendjemand ist an diesen Dingen interessiert, weil er davon profitiert. Aber das sind nicht wir Lehrer und Forscher und noch weniger die Studierenden.

FREY: Es gibt aber auch erfreuliche Entwicklungen: zum Beispiel private Universitäten, wenn sie auch nicht immer den besten Ruf haben. Das Angebot in Sachen Management ist riesig. Es gibt also doch Öffnungstendenzen.

SCHILTKNECHT: Die privaten Hochschulen kämpfen jedoch mit ungleichen Spiessen.

Das ist wohl kein Plädoyer für fairen Wettbewerb, wohl eher ein Schlagwort der Linken?

SCHILTKNECHT: Da haben Sie recht. Heute Morgen habe ich am Radio gehört, dass man die Dumping-Handelsketten, die jetzt in die Schweiz kommen, eigentlich verbieten müsste, denn es gebe neben den niedrigen Preisen auch noch andere Werte. Solche Aussagen sind schon erstaunlich. Aber das Radio (und das Fernsehen) sind immer in der Lage, inkompetente, ideologisch verbrämte Leute anzuziehen. Viele Sendungen werden von Leuten moderiert, deren Inkompetenz kaum zu übertreffen ist. Als ich Frank A. Meyer am Sonntag fünf Minuten über Globalisierung reden hörte, machte sich bei mir der Wunsch breit, den Fernseher mit einem Steinwurf unschädlich zu machen. Oder wenn ich Leute aus dem von Silvio erwähnten Netzwerk aus der Universität St. Gallen höre – diese Leute scheinen bei den öffentlich-rechtlichen Medien praktisch unbeschränkt Zugang zu haben –, stelle ich mir Fragen über das Funktionieren des staatlichen Radios und Fernsehens. Es wäre an der Zeit, nicht jeden provokativen Unsinn als gleichwertig mit fundierten wirtschaftspolitischen Positionen anzusehen.

Spielt der Wettbewerb in den Medien nicht?
FREY: Doch, beispielsweise gibt es jetzt schon die vierte Sonntagszeitung. Das ist doch erfreulich, da herrscht Wettbewerb – und wie viele bzw. welche überleben werden, ist noch unklar.

*Aber führt der Wettbewerb zu den von Ihnen
gewünschten Ergebnissen?*
SCHILTKNECHT: Es ist ein Skandal, dass ich für das Schweizer Fernsehen bezahlen muss. Nur diejenigen, die den Sender sehen wollen, sollen bezahlen müssen. Wieso soll ich für einen Sender, der mich beschimpft, der politische Ideen vertritt, die ich nicht teile, noch bezahlen müssen? Grundsätzlich darf jeder sagen, was er will, nur dass ich für das, was ich nicht sehen und hören will, auch noch bezahlen muss, finde ich unakzeptabel.
BORNER: Bei den elektronischen Medien herrscht weitgehend ein Monopol, auch wenn es private Anbieter gibt, die zur Beruhigung einige staatliche Brosamen auflesen dürfen. Und klar ist: Wir haben keine wirklich linken Printmedien mehr, dafür ist vor allem das Fernsehen – und vermehrt auch das Radio – ziemlich deutlich links positioniert. Tröstlich ist nur, dass das «Volk» eine erstauliche Resistenz aufweist.

SCHILTKNECHT: Wettbewerb ist immer noch das Beste. Der muss spielen. Auch die NZZ sollte prononcierter eine bürgerliche Linie, eine wirtschaftspolitisch liberale Linie vertreten. Sollte dafür keine Nachfrage bestehen, sähe es schon etwas problematisch aus in unserem Land.
BORNER: Letzte Woche habe ich zwischen den Zeilen gelesen, der Bundesrat sei etwas verrückt, dass er die Liberalisierung der Post vorantreibe. Das gefährde die Swisscom-Privatisierung.

Stimmt das nicht?
SCHILTKNECHT: Dann soll man klar sagen, dass es zwar richtig, aber momentan wenig opportun ist. Aber wir haben gut reden, wir haben keine Auflagenzahlen, unser Wettbewerb läuft auf andern Ebenen.

Sie beide sind Staatsbeamte.
BORNER: Das muss ich von mir weisen. Ich bin angestellt von einer autonomen öffentlich-rechtlichen Anstalt. Wir haben keinen Beamtenstatus mehr, und unsere Stellen sind kündbar.

Aber das Geld kommt vom Staat?
FREY: Das stimmt, aber es hat sich doch einiges gegenüber früher geändert. Wir sind heute sehr stark der internationalen Konkurrenz ausgesetzt. Das war vor einigen Jahren total anders. Da waren die Schweizer Universitäten, die ETH damals schon weniger, noch in sich selbst ruhend, da kam es vor, dass ein Professor bestimmte, wer ihm nachfolgt. Das hat sich fundamental geändert. Heute konkurrieren wir mit den besten amerikanischen Universitäten und mit andern. Der Wettbewerb hat sich sehr verschärft. Es ist sehr viel leichter geworden für uns, ins Ausland zu gehen und umgekehrt. Das hat dazu geführt, dass einzelne Universitäten in der Schweiz heute Weltklasse sind. Früher war das nicht der Fall.

Haben sich die Gehälter auch angepasst?
FREY: Nein.

SCHILTKNECHT: Weil die Durchlässigkeit Wirtschaft-Universität fehlt. Die ETH hatte eine Tradition der Zusammenarbeit zwischen Wirtschaft und Forschung, so kamen die Leute zu Zusatzeinkommen. Das war alles nicht festgeschrieben. Wenn ein Dozent heute einen Nebenjob annimmt, wird das reguliert. Entscheidend ist doch nicht, was ein Professor nebenbei verdient, relevant ist nur, was er für die Studenten und die Forschung leistet. In Amerika verdienen gute Professoren im Finanzbereich häufig eine halbe Million bis eine Million Dollar, und es würde doch niemand behaupten, dass diese schlechter als die schweizerischen wären.

BORNER: Was nicht berücksichtigt wird, sind die Opportunitätskosten. Mein Argument ist immer das: Wenn einer Griechisch und Lateinisch studiert hat und dann eines Tages Universitätsprofessor wird, ist das die höchste erreichbare Stufe. Das Zweitbeste, das er hätte werden können, ist zum Beispiel Gymnasiallehrer. Die Professur ist für ihn eine Superkarriere. Für einen Topjuristen ist dagegen eine vollamtliche Professur ein grosses finanzielles Opfer. Für sehr gute Ökonomen gilt dasselbe. Das führt dazu – ich nenne es den Böckli-Effekt –, dass diese Topstars gar nicht mehr vollamtliche Professoren sein wollen. Sie erstreben schon den Professorentitel, aber «bescheiden» sich mit einem a. o. oder Titular-Prof. Nur bei den Medizinern wird anerkannt, dass sie mehr verdienen müssen, weil sie sonst abwandern. Hier spielt eben diese unsägliche Gleichheitsidee. Ich habe unserem Rektorat einen Entwurf vorgelegt, wonach nicht das sogenannte Nebeneinkommen zu kontrollieren wäre, sondern die für die Universität erbrachte Leistung und die für die Universität eingesetzte Zeit. Die politischen Oberbehörden wollten das Nebeneinkommen auf 30 000 Franken pro Jahr begrenzen, sind dann aber im letzten Moment wieder vor diesem «Schuss in den eigenen Fuss» zurückgeschreckt – nicht zuletzt aufgrund meiner ökonomischen Begründung, dass ein Starprofessor diesen Betrag mit einem einzigen Referat erzielen könnte, während eine «graue Maus» dafür 100 Vorträge halten müsste. Was auf den ersten Blick als Gebot der Fairness und Gleich-

behandlung daherkommt, ist in Tat und Wahrheit eine Diskriminierung der Exzellenz.
SCHILTKNECHT: Das ist eben eine der Folgen der Gleichheitsideologie.

Wohin entwickelt sich die Ökonomie?
FREY: Ich glaube, die interessante Ökonomie entwickelt sich an den Rändern, in der Beziehung zu andern Sozialwissenschaften (vielleicht auch Naturwissenschaften), zur Soziologie, Politologie, Psychologie, sogar zur Theologie. Da passiert Neues. Meine Voraussage ist, dass diese wirklich interessanten Gebiete sich möglicherweise aus den herkömmlichen volkswirtschaftlichen Abteilungen verabschieden werden und dass in den volkswirtschaftlichen Abteilungen diese ganz stark formalisierte Ökonomie betrieben wird, die kaum eine Aussenwirkung hat, weil sie nicht problemorientiert ist. Die spannende Auseinandersetzung wird dann weitgehend in diesen andern Fächern stattfinden, Volkswirte, die Betriebswirtschaftslehre oder Politikwissenschaft lehren – das finde ich gut.
BORNER: Ich würde weiter gehen und sagen, wer eine toptheoretische Ausbildung in mathematischer Ökonomie erhalten will, kann an die paar wenigen Spitzenuniversitäten der Welt gehen, im deutschsprachigen Raum vermutlich Bonn. Meine grösste Hoffnung ist, dass der unselige Gegensatz zwischen Volks- und Betriebswirtschaftslehre endlich überwunden wird. Das scheint mir ein deutsches Problem zu sein, das in die Schweiz exportiert worden ist. Im angelsächsischen Raum müssen die Studenten an jeder Business School selbstverständlich Ökonomie und Public Policy studieren, bei uns herrscht – ausser in Basel – fast überall diese Trennung.
FREY: In Zürich haben wir da auch kein Problem.

Mit welchen Problemen wird sich die Ökonomie
in Zukunft vor allem beschäftigen?
SCHILTKNECHT: Das ist schwierig abzuschätzen. Im Moment betrachte ich die steigende Staatsquote als ein wichtiges Thema. Wie ist sie zustande gekommen? Wie kann man der Steigerung Einhalt gebieten? Wenn ein neues Problem auftaucht, entwickelt

sich die Ökonomie in diese Richtung. Die Geldpolitik ist im Moment kein Problem. Also macht man weniger auf diesem Gebiet. Das ist Sinn und Zweck einer flexiblen Universität und der Forschung, man muss sich auf neue Situationen einstellen. Wenn ich denke, was wir in unserem Leben schon alles untersucht und worüber wir publiziert haben und was wir heute schreiben – da liegen Welten dazwischen. Als wir begonnen haben, wussten wir nicht, wo wir enden. Im Rückblick kann ich nur feststellen, es war fantastisch, dass wir all diese Neuentwicklungen mitmachen konnten. Ökonomie ist und bleibt spannend, weil sie mit den Menschen zu tun hat.

Das Wort Staatsquote ist gefallen. Gibt es hier unterschiedliche Auffassungen zwischen Ihnen?
FREY: Wenn der Staat demokratisch und dezentralisiert ist, kann man ihm auch mehr Aufgaben zuweisen, sodass für mich letztlich nicht die Staatsquote entscheidend ist, sondern wie der Staat agiert, was für einen Staat wir haben. Und da bin ich für sehr viel Mitbestimmung und Kleinräumigkeit. Aber ich sehe natürlich die Probleme vor allem der impliziten Staatsschuld, also jener Verpflichtungen, die der Staat fest eingegangen ist. Die Staatsschuld in diesem Sinne ist in den letzten Jahren explodiert. Das wird zu wenig gesehen, weil die ausgewiesene monetäre Staatsschuld natürlich sehr viel kleiner ist. Hier laufen wir in ein Riesenproblem mit unserer Altersversorgung und andern Verpflichtungen.
SCHILTKNECHT: Ich sehe neben den demografischen Problemen vor allem die Strukturveränderungen in Bezug auf das Eigentum. Vor 50 Jahren hatten wir relativ viele Bauern mit Eigentum. Wer Eigentum hat, denkt anders. Dadurch, dass immer weniger Leute Eigentum haben, ist das Verhalten bei Abstimmungen anders. Wir haben viele Landwirtschaftskantone, die sich früher gegen den Staatsinterventionismus gestemmt haben. Heute machen die Landwirte, weil sie unter Druck stehen, sogar Koalitionen mit den Linken – eine gefährliche Entwicklung für den Fortschritt. Die Enteignung des Bürgers durch die obligatorischen Versicherungen könnte zu einem Problem werden, mit dem sich die Ökonomie intensiver

beschäftigen muss. Ein anderes Problem ist, als Folge der Globalisierung, das Auseinanderklaffen der Löhne zwischen den gut Geschulten und den schlecht Geschulten. Das war schon im 19. Jahrhundert ein Problem. Wir sehen jetzt ansatzweise ähnliche Dinge auf uns zukommen. Wir werden uns mit der Frage beschäftigen müssen, wie wir die Qualität der Arbeitskräfte verbessern und wie wir die temporären Anpassungskosten einigermassen erträglich machen können. Das sind herausfordernde Fragen. Silvio und ich zweifeln manchmal, ob die Globalisierung aufrechterhalten werden kann, ob nicht wieder protektionistische und nationalistische Tendenzen kommen. Frankreich will die Akquisition durch Ausländer verbieten, zumindest erschweren, die Swisscom soll nicht privatisiert werden – auch eine Art Wirtschaftspatriotismus –, und die Italiener schimpfen über den unfairen Wettbewerb der Chinesen im Textilsektor. Da entsteht eine politische Dynamik, und wenn sich die Arbeitsmarktlage verschlechtert, könnten nationalistische Tendenzen aufkommen.

BORNER: Die Höhe der Staatsquote ist weniger ein Problem als die Tatsache, dass die Umverteilungskomponente steigt. Es gibt ja zwei ökonomische Begründungen für Staatsausgaben: die öffentlichen Güter und die Umverteilung. Was Kurt bezüglich des Eigentums gesagt hat, haben die Gründungsväter der USA klar gesehen. Deshalb war man damals sehr vorsichtig mit der Ausdehnung des Stimmrechts. Früher musste man lesen und schreiben und sich als Eigentümer ausweisen können. Selbst in Frankreich, wo wir ein bescheidenes Anwesen besitzen, kann ich als Grundeigentümer an gewissen Gemeindeabstimmungen teilnehmen. Zudem erhalten wir das Protokoll des Gemeinderates. Man wird als Eigentümer wahrgenommen. Wichtig ist ferner – da unterscheide ich mich von Gebhard Kirchgässner –, dass das schnelle Wachstum der Staatsquote in der Schweiz Probleme schafft. Es kann sein, dass man sich in Skandinavien schon lange an ein anderes Gleichgewicht zwischen privaten und öffentlichen Aufgaben gewöhnt hat. Wenn aber, wie im Fall der Schweiz, die Staatsquote weltrekordverdächtig steigt und das primär auf Umverteilungen beruht, nicht nur im

Sozialbereich, sondern auch im Infrastruktur- oder im Verkehrsbereich, engt das natürlich – das ist das liberale Argument – den Spielraum der Einzelnen ein. Dadurch wird die Anpassungslast derjenigen, die dem Markt ausgesetzt sind, immer grösser. Das führt zur Wachstumsverlangsamung.

FREY: Zur Globalisierung: In der Schweiz können wir nur überleben, wenn wir eine erstklassige Ausbildung haben, nicht nur eine akademische, sondern auch eine auf mittlerem, auf angewandtem Niveau, wie sie die Fachhochschulen früher angeboten haben. Ich wundere mich, dass das so wenig gesehen wird. Leider werden die Fachhochschulen zu pseudoakademischen Institutionen gemacht. Das ist falsch. Allerdings müssten sich auch die Studierenden mehr engagieren. Die akademische Spitze ist zwar sehr gut. Aber das Engagement der mittleren und nicht so guten Studenten ist zu gering. Das könnte man ändern, wenn die Universitäten Studenten aufnehmen oder ablehnen könnten. In St. Gallen dominieren auf der Doktorandenstufe die Deutschen, nicht weil sie klüger wären, sondern weil sie eine positive Auslese darstellen. Wenn man sich anstrengen muss, um reinzukommen, hat das eine unheimlich tolle Wirkung.

(Dieses Gespräch ist verkürzt in der *Neuen Zürcher Zeitung* vom 27./28. Mai 2006 erschienen.)

Beat Kappeler

30 Jahre Universität, Wirtschaft und Gesellschaft – die Sicht eines Beobachters von aussen

Die drei Ökonomen blicken zurück, auf ihren intellektuellen Weg und auf den Weg, den ihre Universität, ihr Fach, aber auch das Land und die Welt genommen haben. Das ist ihre Sicht nach aussen. Und wie kann ein Beobachter sie und diese Wege von aussen sehen?

Das neue Paradigma der Verteilung, des Vergleichs, auch des Neids, bietet sich als eine der Definitionen dieser Zeit an. Diese Generation wurde noch gross vor der Achtundsechziger-Bewegung, sie fand aber dadurch die schnelle Vermehrung der Lehrstühle vor. Denn die erschrockene Universitätspolitik schuf für die herandrängende, sehr zahlreiche und lautstark fordernde Babyboomer-Jugend neue Lehrstühle, besetzte diese mit jungen Professoren und erreichte damit allmählich wieder Ruhe. Diese Professorengeneration erfüllt heute ihre Laufbahn. Damals trat sie noch in richtige, volle Professuren ein. Heute dagegen haben sich die Professuren vermehrt, es gibt nicht mehr die allmächtigen Stühle, deren Inhaber das Fach einer Universitätsstadt allein repräsentierten, sondern mangels einer Reform des Mittelbaus, der immer noch zudienen, hoffen und warten muss, schuf man Behelfe, etwa Forschungsprofessuren, Frauenförderungsprofessuren und Stellen mit Verfalldatum.

Doch diese Sicht auf das, was jemand hat und wer nichts oder weniger hat, ist nur die dominant gewordene Art, Urteile zu bilden. Hatte vor dem Zweiten Weltkrieg das Paradigma des Kampfes der Klassen in manchen europäischen Ländern vorgeherrscht, machte dieses Paradigma in der Nachkriegszeit dem Kampf um die blosse, aber richtige, das hiess möglichst gleichmässige Verteilung, Platz. Die Wirtschaft wuchs, die Ökonomie entdeckte verschiedene, bewusst einzusetzende Wachstumsmittel, und die Energie der gesellschaftlichen Interessengruppen richtete sich auf die Verteilung der Erträge. Das Paradigma der Verteilung dominiert heute immer noch die öffentlichen Erwägungen etwa bezüglich des wirtschaftlich rückständigen Südens der Welt, bezüglich des behaupteten «digital divide» der Nutzer und Nichtnutzer von Informationstechniken, oder bezüglich der Spanne zwischen Minimallöhnen und Spitzengehältern. Meist wird auch ein Nullsummenspiel unterstellt – was die einen gewinnen, verlieren die andern auf Heller und Pfennig.

Nicht diskutiert wird die Verteilung des Produktivvermögens. Nur der daraus abgeleitete Einkommens- und Konsumunterschied wird zur Debatte, der platte Konsumismus ergriff auch die kritischsten Geister. Die Frage, wie sich Vermögen, vor allem an Produktionsmitteln, bildet, und in wessen Händen und wie es gestreut werden könnte, das interessiert heute weder Linke noch Rechte. Und doch setzten die alten Gesellschaftskritiker von Marx oder Henry George bis Silvio Gsell dort an, besonders beim Bodenbesitz. Vier Jahre vor 1968 lieferte Professor Carl Föhl der deutschen Regierung einen Bericht ab, der sich der Sorge um die Verteilung des Produktivvermögens annahm. Die englische Professorin Joan Robinson fand zu jener Zeit dieses Thema ebenfalls wichtig. Das ist vergessen, und die heutigen Verteidiger und Praktiker des Systems mit Markt, Wettbewerb und Privateigentum merken nicht, dass sie eine Wirtschaftsform voraussetzen und fordern, die ihre Eigentümer auf weite Strecken eingebüsst oder anonymisiert hat.

Eine gewisse Nachsicht zugunsten des damals neuen Paradigmas der Verteilung kann man zugestehen. Die alten Kämpfe hatten nichts gebracht, ihre ökonomischen Theorien waren von gesellschaftlichen Machtansprüchen, von Verbänden, Parteien, vom realen Sozialismus weitgehend überdeckt. Gerade Letzterer machte aus dem Bemühen um eine andere Verteilung der Macht über die Produktionsmittel eine Karikatur. So faszinierte denn in der Nachkriegszeit das wirtschaftliche Wachstum. Hatte es vor 1914 als spontanes Ergebnis der gefestigten, liberalen Gesellschaft stattgefunden, auch dank der grossen, persönlich identifizierbaren Barone der Hochindustrialisierung als Träger und Mehrer, so lernte man nun Methoden systematischer Wachstumsförderung. Diesmal trat der Staat als Förderer auf. Seine im grossen Krieg gewonnenen Organisationstechniken, ganze Völker zum Einsatz aller Energie zu bringen, liessen sich auf die friedliche Wachstumspolitik übertragen. John Maynard Keynes lieferte mit seiner antizyklischen Budgetpolitik das gute Gewissen – auch für Liberale. Der Staat baute die alten Infrastrukturen auf, dann neue Strukturen aus. Die Vollmotorisierung beschäftigte bald jeden zehnten, dann jeden achten Beschäftigten Nord- und Mitteleuropas. Die massive Binnenwanderung rechtfertigte umfassende Wohnbauprogramme in den urbanen Gürteln. Die Explosion junger Jahrgänge verlangte enorme Bildungsinvestitionen. Die Technisierung der Medizin schuf gänzlich neue Spitalstrukturen. Nahtlos fügte sich nach dem Anfang der 1970er-Jahre die Entsorgung der Wachstumsfolgen als neuer Infrastrukturauftrag des Staates an, bei Abwässern, Abfall, Lärmschutz.

Nachfragelücken, Konjunkturschwächen liessen sich durch die Dosierung solcher Strukturpolitiken gut überbrücken. Stete «konjunkturelle Feinsteuerung» schien möglich und notwendig. Allerdings nahm der Staatsanteil dadurch laufend zu, weil diese Aufträge additiv und nicht seriell, einer statt des andern, durchgeführt wurden. Die politologische Schule des Public Choice entzauberte die Politiker in ihrer vielfachen Bemühung um keynesianische Ausgabenprogramme – sie maximierten ganz wie Unternehmer ihre spezifischen Interessen, nicht das Landeswohl. Ihre Gefolgschaft, ihre Amtsdauern, ihr Ansehen, ihre Einkommen, die Einkommen ihrer Lobby-Auftraggeber wurden dabei bedient. Die keynesianische Kaufkraftstabilisierung wurde eine bequeme Begründung für ausufernde Regional-, Sozial-, Verkehrs-, Landwirtschafts-, Industriepolitik aller Art. Dieser Vulgärkeynesianismus gestand sich nicht mehr ein, dass er die Dosis laufend erhöhen musste, um wirksam zu sein, dass er den Privaten den Franken, die DM oder den Franc wegnahm, den sie sonst auch hätten ausgeben können, und vor allem, dass er in guten Zeiten nicht antizyklisch war – die Politiker gaben immer Geld aus, trugen aber die Schulden nie wieder ab.

Das Schmiermittel dieser Politiken wurde von den Notenbanken zur Verfügung gestellt – die Geldvermehrung in reinem «fiat money» nach 1971, nach dem Zusammenbruch des Gold-Devisen-Standards. Die Inflation liess nicht auf sich warten, überwälzt in immer schnelleren Runden durch die damals noch gern gesehenen Kartelle, Preisabkommen und Lohnregeln der Zeitlohnarbeiter in Massen.

Das Verteilungsparadigma wurde zweifach bedient – einmal durch die grossen Infrastrukturausgaben, welche die Chancengleichheit aller Bürger heben sollten. Andererseits wurden die immer zahlreicheren Sozialversicherungen eingesetzt, die alle Wechselfälle des Lebens abfedern sollten – Mutterschaft und Kindheit, Bildung und Ausbildung, Krankheit, Betriebs- und Nichtbetriebsunfall, Arbeitslosigkeit, Invalidität, Alter, schlechtes Wetter im Bau, grosszügige Fürsorge-Richtlinien der SKOS, Asyl.

Die drei Ökonomen erkannten früher als andere die Sozialisierungstendenz. Hatten die linken, dann die grün-alternativen Bewegungen der Nachkriegszeit den Aufbruch zu freiheitlicher Lebensgestaltung auf ihre Fahnen geschrieben, in Partnerschaft, geschlechtlicher Orientierung und Praxis, in innerer und äusserer Pressefreiheit, in Frauenemanzipation, Ausländerrechten, so deckt heute die normierende Last der Sozialtransfers das Land wie ein nasses Tuch. Man hat Anrecht, man muss sich in den Status, in die Formulare fügen als passiver Alter, als nicht zu beschäftigender Invalider, als Arbeitssuchender ohne Erfolg, als Nur-Studierender ohne Erwerb, als Nur-Bauer auf seinem Kleinsthof, als afrikanischer Asylsuchender im Stile Mazzinis, um die Anforderungen der Transfers zu erfüllen. Die Gesellschaft und ihre Rollen verlangen heute genormtere Lebenslagen, als die grauen, konformistischen 1950er-Jahre es taten, gegen welche die Achtundsechziger aufstanden. «Full circle.» Zu viel Erfolg. Ordnung statt Freiheit. Gleichverteilung statt Lebensmeisterung.

Aber ohne das vermeintlich böswillige Zutun der liberalen Kritiker des immer sozialistischeren Westens veränderten sich dessen Politikbedingungen von aussen – durch Technik, durch die Angelsachsen und die Weltwirtschaft.

Premierministerin Margaret Thatcher und Präsident Ronald Reagan warfen das Steuer in Grossbritannien 1979 und in den USA ab 1981 herum, 1985 folgten die Sozialdemokraten Neuseelands diesem Weg: Das Angebot, nicht die Nachfrage der Volkswirtschaft sollte gefördert werden, also keine Subventionen, keine landesweiten Lohneinigungen, keine Kartelle, sondern Freihandel, freie öffentliche Beschaffungen. Steuern wurden gesenkt, um die Investitionen anzuregen. Die Sozialpolitik wurde in der Folge knapper gehalten. Die Notenbanken ihrerseits hörten auf, die Inflationsrunden zu finanzieren und zwängten die beiden angelsächsischen Volkswirtschaften durch eine strenge Hochzinspolitik auf den Weg realen, echt verdienten Wachstums. Paradoxerweise haben die USA in der Folge eine ausgesprochen «keynesianische Budgetpolitik» betrieben anstatt Europa, wo die linken Politiker sich ihrer rühmen: Präsident Bill Clinton vereinbarte mit Notenbankpräsident Alan Greenspan eine Politik der Budgetüberschüsse und Schuldenrückzahlung, Greenspan konnte deshalb günstige Zinsen bieten. Das Resultat war die längste Hochkonjunkturperiode der Geschichte während 50 Quartalen. Nach Ausbruch einer Flaute 2000 fand der neue Präsident George W. Bush genügend Budgetspielraum vor, um ein enormes Steuersenkungsprogramm zugunsten der Kaufkraft zu starten, das rasch wirkte. Die Europäer dagegen machten laufend weiter Schulden, sie mussten 2002–2006 im unpassendsten Moment sparen, anstatt anzukurbeln, und die Europäische Zentralbank hielt die Zinsen höher als nötig, um die Ausgabenwut zu bremsen. Gleichzeitig unternahmen die Angelsachsen eine Re-Regulierung der Märkte im liberalen Sinne. Sie haben der Welt ihre Regeln der Dekartellierung, der Buchführung, der Börsen- und Kapitalmärkte, des Konkurses, der Aktiengesellschaften, des Bankwesens, der Eigenkapitalbeschaffung und der Firmenbewertung (der berühmte Shareholder Value nach dem Buche Alfred Rappaports 1986) übertragen. Damit herrschen mehr Wettbewerb, Transparenz, beschleunigen sich die Durchsätze von Kapital, Gütern, Diensten in der Volkswirtschaft, es geht das «financial deepening» eine Runde weiter (mit Derivaten, Hedge Funds, Spin-offs, Fusionen, Kapitalisierung alles Möglichen, etwa der Bilanzbestandteile von Banken, der Risiken von Versicherungen durch «securitization», «cat-bonds» usw.).

Gleichzeitig wurde der Weltmarkt geöffnet. Durch die Zollsenkungen im alten GATT und in der neuen WTO, durch die dort vereinbarten weltweiten öffentlichen Ausschreibungen wurden die nationalwirtschaftlichen Spielräume reduziert, war Industriepolitik mit positiver Diskriminierung nationaler Zweige stark eingeschränkt. Bei Zuwiderhandlung werden die Nationen durch supranationale Schiedsgerichte der WTO auf diesem Kurs gehalten. Zusammen mit dramatisch verbilligten Transporten und Informationskanälen, dank Auslagerungen, zusammen mit den drei Milliarden fleissiger, ausgebildeter Asiaten sind durch diese Handelsregeln nun Wertschöpfungsketten rund um den Globus entstanden. Gleichzeitig sind fast alle Währungen frei austauschbar, ein offener Weltmarkt für Geld und Kapital hat sich gebildet. Dadurch werden die Staaten, ihre Politik, unmittelbar von den Anlegern bewertet, diese ziehen Geld ab und lassen die Zinsen steigen, wenn eine falsche Geld- oder Budgetpolitik sie verscheucht. Der Staat und seine Regierung sind «marked to market».

Die Europäische Union ist in vielen Aspekten unnötig geworden – der diskriminierungsfreie Zutritt zu den Binnenmärkten steht allen WTO-Mitgliedern offen.

Die Firmen ihrerseits unterstehen einer unmittelbaren Konkurrenz von Herstellern aller Welt durch die Transparenz elektronischer Netze. Der Verlust der «pricing power», die offenen, kompetitiven Märkte, die weltweiten öffentlichen Ausschreibungen, der Zerfall grosser «palastorganisierter» Firmen sind die Folge. Denn grosse Firmen bilden sich – nach Nobelpreisträger Ronald Coase –

zur Vermeidung von Informations- und Transaktionskosten. Nun aber reduziert die Informationstechnik diese Kosten dramatisch, sodass fokussierte, kleinere Firmen sich durch Netze zu schlagkräftigen Wertschöpfungsketten verlängern können, obwohl sie selbstständig und klein sind.

Durch alle diese Entwicklungen verschwand die Inflation, welche die ganze Nachkriegszeit geprägt hatte. Die Produktivitätssteigerungen vieler Firmen und Branchen werden heute nicht in steigenden Gewinnen (1950er-Jahre) und Löhnen (1960er- und 1970er-Jahre) an die Gesellschaft weitergegeben, sondern durch Preissenkungen an die Kunden. So wächst die Kaufkraft ebenfalls, aber dank stabiler oder sinkender Preise.

Schliesslich hat die Informations- und Kommunikationstechnik die alten öffentlichen Monopolnetze unterspült. Kommunikation von Sprache, Bildern, Daten kann auch über Wellen, nicht nur über Drähte erfolgen. Und auf Drahtnetzen für Sprache oder Strom, auf Schienennetzen können mehrere Betreiber verkehren und abrechnen. Und Netze haben eine besondere Eigenschaft. Sie nützen für jeden zusätzlichen Tauschakt, für jeden zusätzlichen Kontakt, für jeden zusätzlichen Nutzer mehr als dies kostet – die Grenzkosten sinken, sind meistens null. Deshalb tendieren Netze zur Grösse, zu allumfassenden Einrichtungen. Sofern diese Eigenschaft auf einer physischen Netzstruktur (Drähte, Schienen, Röhren) beruht, hat es einen Sinn, die Duplizierung zu vermeiden. Allerdings, und das ist die Lehre der neuen Techniken sowohl in der Physik wie in der gesellschaftlichen Organisation, können das Netz und die Betreiber getrennt werden, Letztere treten in Wettbewerb (Kommunikation, Bahn, Strom). Ein Regulator setzt die Bedingungen. Der Service public ist eine Funktion dieses Designs von Regeln, nicht aber die Struktur alter Bahnhöfe, Poststellen oder Elektrizitätswerke. Damit ist die Rolle des Staates aus der früheren Zeit der Hochindustrialisierung auch hier verkürzt – der Staat wird Schiedsrichter, ist nicht mehr Mitspieler.

Technik, Weltmarkt, Wertschöpfungsketten – dies hat auch die Arbeitswelt völlig verändert. Die Zeit verschwindet als Lohnmassstab zugunsten von Auftrag, Projekt, Arbeit auf Abruf, Teilzeitern, Portfolio-Workern, Beratern und «unternehmensnahen Diensten» als «Ich-AGs», Telearbeit, neue Selbstständige. Landesweite Verhandlungen und Lohngleichheit der Massen machen keinen Sinn mehr.

Die Sozialversicherungen und der Staat zahlen heute fast überall einen Einkommensersatz gemäss dem Vollzeitlohn der festen Arbeitsverhältnisse der alten Massenindustriegesellschaft, in allen Wechsellagen des Arbeitslebens und des Lebens generell. Bereits bezieht eine Mehrheit der Stimmbürger Geld vom Staat (Bauern, Beamte, Krankenkassenprämien, Fürsorge, IV, AHV, Arbeitslose). Das wird in allen Ländern unbezahlbar. Unbezahlbar wäre auch ein Minimallohn für unqualifizierte Arbeiter, der einem Familienlohn entspricht. Damit läge er über ihrer Produktivität, und diese Arbeiter würden damit vom Weltmarkt weggefegt und arbeitslos werden wie im übrigen Europa. «Working poor»-Haushalte haben einen Einkommenszuschuss im Ausmass der Existenzsicherung zugute, der mit steigendem eigenem Einkommen weniger abnimmt, als dieses zunimmt. Diese weltmarktverträgliche und arbeitsbelohnende Existenzgarantie haben wiederum die angelsächsischen Länder ausgedacht und eingeführt («Earned Income Tax Credit» in den USA). Es gibt in Europa kaum jemanden, der das System kennt, geschweige denn es billigt.

Damit lenkt sich der Blick wieder auf die Nationalökonomie zurück, die nun nicht mehr national, sondern rational und Ökonomie ist. Die erstaunlichen Wachstumsschübe, die neuen Techniken, das neue Staatsverständnis, die neuen Sozialsicherungen jenseits des «immer mehr» sind meist von Wissenschaftlern in den USA und in England entwickelt worden. Teilweise rühren die kühnen Entwürfe mehrere Jahrzehnte zurück, auf Ronald Coase, auf Milton Friedman, Karl Brunner, auf Friedrich A. von Hayek, auf Mancur Olson, auf James Buchanan sowie auf Mittler zwischen Forschung und öffentlicher Meinung wie George Gilder, Gary S. Becker. Wer nach der Nützlichkeit von Ökonomie fragt, hat in diesen und den späteren Denkern eine Galerie letztlich weniger Individuen, die das ökonomische Denken der Menschheit neu einrichteten. Die überraschten, sodann empörten bisherigen Gewinner des Vulgärkeynesianismus in Europa hatten nichts entgegenzusetzen und mussten zu Anschwärzungen greifen. «Neoliberal» wurde das Schimpfwort dieser Neosozialisten. Ihre Tragik – sie haben den ewigen Wechsel in Technik, Weltwirtschaft, gesellschaftlichen Brüchen nicht erkannt, den die angelsächsischen Denker aufgriffen und zuhanden einer neuen Welt mit neuen Lösungen versahen.

Wenige Ökonomen in Europa und in der Schweiz nahmen dieses unerschrockene Denken auf und brachen es auf jene Lösungen herunter, welche die Firmen, die Arbeitenden, die Regierungen ihres eigenen Landes brauchen. Die drei Ökonomen dieses Bandes gehören dazu. Mit ihrer Haltung waren allerdings weit weniger öffentliche Aufträge für Gutachten, Studienkommissionen und Projektleitungen zu gewinnen, als andere Wissenschaftler mit fleissigen Vorschlägen für noch mehr Staatskompetenzen und Ausgaben erhielten. Dafür dürfen sie sich rühmen, an der DNA des Weltgeistes mitgewoben zu haben …

Dieses Nachdenken über das Neue hat auch in der Schweiz greifbare Resultate gebracht. Die Reformen an der staatlichen Rahmenstruktur der schweizerischen Volkswirtschaft der letzten 30 Jahre sind beachtlich, wir leben tatsächlich in einer «neuen Welt».

Vor 30 Jahren waren Kartelle üblich. Sie regelten oft die Preise der Branche, teilten den Firmen die Produktionsmengen zu, sie regelten die Ausbildung und die Diplome, sie legten die Produktions- und Verkaufsstellen in den einzelnen Regionen, auch Randregionen, fest. Sie schlossen Verträge ab mit der Marktgegenseite der Kunden oder Lieferanten und mit Gewerkschaften. Auf manchem Gebiet verliess sich auch der Staat auf «gentlemen's agreements», wodurch die private Planwirtschaft auch paraöffentliche Funktionen ausübte. Gerade wegen dieser ordnenden Hand der Kartelle, die über blosse Preisabmachungen hinausging, fand man sie notwendig. Es gab damals auch Professoren mit grossem Gehör im Publikum und im Staat, die fanden, die Abschaffung des Marktes gehöre zum freien Verfügungsrecht von Marktteilnehmern.

Die jungen Professoren begannen in den 1970er-Jahren, an diesen Gewissheiten und Bequemlichkeiten zu rütteln. Sie wiesen auf die Reibungs- und Effizienzverluste solcher Gesamtordnungen der privaten Hand hin und belegten, dass die sozialpolitischen Ziele viel gezielter und billiger und ohne undurchsichtige Quersubventionen zulasten der ungefragten Konsumenten erreicht werden konnten.

Vor 30 Jahren fanden die meisten Wirtschaftsführer, auch ihre Spitzenvertretung «Vorort» (heute Economiesuisse), stille Reserven in den Firmenbilanzen für berechtigt. Die Firmen unterstanden keiner klaren Rechenschaftspflicht gegenüber ihren eigenen Aktionären, und noch weniger gegenüber dem Publikum. Minderheitliche Aktionäre hatten praktisch keine Rechte, ausser aufwendige und wenig sichere Zivilklagen. Aktientransaktionen, Aufkäufe, Fusionen gingen ohne neugierige Blicke der eigentlichen Eigentümer, der Aktionäre, über die Bühnen. An den Generalversammlungen von Publikumsgesellschaften übten die Banken die gewaltige Stimmenmacht der bei ihnen deponierten Aktien aus, ungefragt, ohne Auftrag, in ihrem Sinne, und wurden von den Firmen dafür noch entschädigt. Jahrelange Kritik und viele Überzeugungsarbeit durch die vor 30 Jahren noch jungen Wissenschaftler, Juristen, Treuhänder der neuen Generation waren nötig, um dieses Kartell des Schweigens zu brechen.

Vor gut 30 Jahren (1969) lehnte das Parlament einen schüchternen Versuch ab, mit einem «Notenbankinstrumentarium» der Schweizerischen Nationalbank gewisse eigene Lenkungsinstrumente der Geld- und Kreditpolitik in die Hand zu geben. Unter den festen Wechselkursen des Bretton-Woods-Systems hatte ausserdem der Bundesrat die Parität des Schweizerfrankens zu beschliessen. Weil er sich mit der Ende der 1960er-Jahre dringend gewordenen Aufwertung des Frankens schwertat, liess er im Parlament stattdessen ein «Exportdepot» beschliessen, demgemäss exportierende Firmen eine Abgabe in einen Bundesfonds zu leisten gehabt hätten. Dies wurde aber nicht in Kraft gesetzt. Nach der Inkonvertibilitätserklärung des Dollars im August 1971 wurde dann 1973 der Schweizerfranken von der Nationalbank freien Wechselkursschwankungen ausgesetzt, was vordem eine liberale Minderheitsposition einiger Wissenschaftler gewesen war, und vom alten Establishment in Politik und Universität mit ungläubigem Staunen entgegengenommen wurde.

Weil vor 30 Jahren die überschäumende Exportkonjunktur weiterhin die Inflation anheizte, intervenierte das Parlament 1972 mit einer «Preis-, Gewinn- und Lohnüberwachung», mit immer verdrehteren Mietzinsüberwachungen und deren Regeln zur Überwälzung der Hypothekarzins-Änderungen in den Mieten. Wiederum brauchte es einerseits die geduldige Überzeugungsarbeit der Wissenschaftler und andererseits das voraussagbare Scheitern des wilden Interventionismus, um zu wettbewerblicheren Abläufen zu gelangen.

Vor 30 Jahren wiederum liess der Bundesrat von grossen Expertenkommissionen «Gesamtkonzepte» für Verkehr, Energie und Medien erarbeiten. Sie sollten dem Wahn grenzenloser Steuerung dieser Gebiete durch Politiker dienen, die als «Philosophenkönige» weitsichtig und uneigennützig das Gesetz wirtschaftlichen und gesellschaftlichen Wandels begriffen hatten und anwandten. Es wurde nichts daraus. Die jüngeren Generationen bauten auf ein bisschen mehr Wettbewerb als Steuerung, und die Öffnung zur Weltwirtschaft sorgte für die massgeblicheren Lenkungen.

In der Bildungs- und Forschungspolitik wurden damals ebenfalls laufend grossartige Pläne entworfen, Leitbilder aufgestellt, vor allem aber vervielfachten sich die mit der Wissenschaftsplanung betrauten Räte. Wissenschaftsrat, Hochschulkonferenz, Hochschulrektorenkonferenz, Erziehungsdirektorenkonferenz, Nationalfonds, wissenschaftliche Akademien, ETH-Rat tagten im Ringelreihen permanent und über Jahrzehnte. Das Ergebnis war keine Koordination, sondern eine Gleichverteilung der Gelder über alle und für alles. Als spezifische Erscheinung dieses Hochschulwesens trat der «Gremienprofessor» (sagt Jochen Hörisch) auf den Plan. Diese

Gestalten forschten nicht mehr, lehrten kaum oder dann eher zerstreut, aber sie sassen in diesen koordinierenden und auch internen Gremien der Hochschullandschaft. Statt Wissen verteilten sie Geld. Die drei Ökonomen dieses Bandes fehlten in diesen Gremien weitgehend. Dafür lehrten und publizierten sie.

Vieles hat sich also geändert – Technik, Ausland und Wirtschaftsentwicklung erzwangen es. Dass es aber in eine freiheitlichere, wettbewerbliche Richtung ging, gelang dank der geistigen Vorbereitung durch unabhängige Ökonomen. Vom Nobelpreisträger bis zum geduldig lehrenden Professor einer nationalen oder kantonalen Hochschule sind Leistungen ausgegangen, die an Produktivität mit der Wertschöpfung von Grosskonzernen vergleichbar sind. Ökonomie rentiert – und befreit.

BEAT KAPPELER

Drei sehr persönliche Interviews

Die Interviews der Taxifahrer aller Welt in jeder Nummer des «*NZZ Folio*» haben Kultstatus erreicht. Die Fragen sind immer gleich, die Auskünfte sehr persönlich. Nach diesem Muster wurden die drei Ökonomen befragt.

SILVIO BORNER ANTWORTETE:

> *Betriebswirtschaftler leben vom Betrieb – wovon*
> *leben Volkswirtschaftler?*

Natürlich nicht vom «Volk». An eine Trennung von Volks- und Betriebswirtschaft habe ich nie geglaubt. Das theoretische Konzept heisst «economics» und wird auf verschiedene Themen betrieblicher und gesamtwirtschaftlicher Natur angewandt. Wie alle leben wir vom Einkommen aus Lehre und Dienstleistung. Forschung ist «Ehrensache» und wird nicht (mit Geld) honoriert.

> *Ziert oder stört der ökonomische Antrieb in*
> *eigener Sache den Volkswirtschaftler?*

Wieso denn? Die Ökonomie hilft einem auch im praktischen Alltag ganz schön weiter. Wenn ich vom andern etwas will, muss ich auch etwas für ihn tun. Bei allen Entscheidungen muss ich die Opportunitätskosten in Rechnung stellen.

> *Stört seine Denkweise die Partnerin, seine Kinder,*
> *seine Freunde?*

Manchmal schon. Aber da es sich um drei Frauen handelt, ist es nicht klar, inwieweit mein Pochen auf die «Vernunft» eher ein männliches oder ein ökonomisches Attribut darstellt.

Welches Ziel sollte ein Student der Volkswirtschaft haben?
Studierende der Ökonomie sollten politisch interessiert sein und einen inneren Drang zur gesellschaftlichen Veränderung verspüren.

Welches nicht?
Ausschliesslich oder vorwiegend «praxisorientiert» studieren, weil dies nicht die Funktion der Universität ist und «gute Theorie» ungemein «praktisch» ist.

Wo würden Sie heute Volkswirtschaft studieren?
Ich würde wohl eher eine Top-Business School in den USA mit interdisziplinärer und internationaler Ausrichtung (Recht, Politik) präferieren (Yale, Stanford, NYU).

Wo nicht?
An einem Economics Department für theoretische Mathematiker, welche die Realität allenfalls als ein lästiges Übel empfinden.

Können die Soziologie, Politologie und Psychologie einen Beitrag an die Volkswirtschaftslehre leisten? Sind diese späten Wissenschaften «Hilfswissenschaften»?
Ich bin ein Vertreter der Einheit der Sozialwissenschaften mit einem gemeinsamen Kern in Form einer Verhaltenstheorie des Menschen. Die einzelnen Disziplinen sind Spezialisierungen, die Grenzen sind fliessend und verändern sich. Die Betrachtung ist eine wechselseitige. Trotz alledem: Ich neige schon mehr oder weniger zum «ökonomischen Imperialismus».

Welche Modeströmung in der heutigen Volkswirtschaftslehre würden Sie wegempfehlen, wenn Sie die Macht dazu hätten?

Die «Experimentelle Ökonomie» ist zu einem wissenschaftsinternen Selbstläufer geworden. Doch auch die Glücksforschung beglückt mich wenig, weil aus liberaler Sicht nicht das Glück das Ziel ist, sondern das individuelle Streben danach.

Welche methodischen und sachlichen Felder sollte die künftige Volkswirtschaftslehre hingegen besonders beackern?
Die Ökonomie sollte sich den grossen Fragen der Zeit zuwenden. Dazu zähle ich «innere und äussere Sicherheit», «demografische Wende», «failed states», Arbeitslosigkeit, Wachstum.

Was war Ihr bester Rat?
Persönlich: Als ich Frau Beatrice Weder (di Mauro) eine Assistenzstelle anbot und sie diese zugunsten des «Personalwesens» ausschlagen wollte, sagte ich Folgendes: «Frau Weder, Sie wollen doch nicht eine Personaltante werden!»
Wirtschaftspolitisch: Als ich die Elektrizitätswirtschaft überzeugen konnte, dass die Bekämpfung der «Atominitiativen» weder naturwissenschaftlich noch ethisch zu gewinnen sei, sondern ökonomisch (Kapitalvernichtung).

Welches ist Ihr berufliches Motto?
Alles was ich jetzt mache, muss mich jetzt interessieren, ja faszinieren.

Warum sind die meisten Nobelpreisträger der Ökonomie Amerikaner oder Angelsachsen?
Weil die moderne Ökonomie in England entstanden ist und die angelsächsischen Universitäten am meisten Autonomie aufweisen, aber gleichzeitig dem stärksten wissenschaftlichen Wettbewerb ausgesetzt sind. Es ist wie beim Fussball: Die besten Spieler finden sich in der Europäischen Champions League, und es sind unter den Nobelpreisträgern wohl mehr jüdische als angelsächsische Kollegen auszumachen.

Welchen Ökonomen seit Adam Smith bewundern Sie für seine Wirkung, welchen für die Eleganz seiner Idee, welchen für seinen Lebensplan?
Für seine Wirkung zweifelsohne John Maynard Keynes. Für die Eleganz bzw. Einfachheit der Idee Mancur Olson und für ihren Lebensplan vielleicht Anne Krueger, die als Sekretärin der Universität Minnesota sich zum Studium entschloss und eine glänzende Karriere in der Welt der Wissenschaft und der Weltbank durchlief.

Was sollte der schweizerische Universitätsbetrieb von den Amerikanern übernehmen?
Mit der Übernahme der Labels Bachelor und Master ist es sicher nicht weit her. Im Gegenteil: Amerikanische Spitzenuniversitäten sind privat, verfügen über riesige Vermögen, wählen ihre Studierenden selber aus und bezahlen ihre Professoren nach Leistung. Ohne Privatisierung geht das nicht, wie gesagt.

Sie treten als betont liberaler Ökonom für Werte und Prozesse ein, die in den letzten 30 Jahren beinahe Minderheitsstatus in der öffentlichen Meinung und in der Politik bekamen. Was hat Ihre Generation falsch gemacht?
Liberale Positionen sind immer Minderheitspositionen gewesen und werden es bleiben. Ohne Hefe bleibt der Teig leblos. Ohne liberale Ideen bleibt die Politik steril. Umverteilen ist keine nachhaltige Vision. Ich bin als Individuum selbst verantwortlich. Eine Generationenverantwortung oder -schuld ist für mich eine moralische Fehlkonstruktion.

Welches sind die Mechanismen, kraft derer eine Gesellschaft Meinungen formt, annimmt oder verwirft?
Eine Antwort darauf ist wohl bereits «Anmassung des Wissens», wie Hayek sagte. Ich habe es auf drei Schienen versucht: 1. In einem nicht wertfreien Unterricht, mit klarer Kennzeichnung der Werturteile, 2. mit wissenschaftlichen Publikationen und 3. mit

Auftritten in den Medien, die in der Schweiz ziemlich linkslastig sind, insbesondere die staatlichen Monopolmedien Radio und Fernsehen.

Aufgrund dieser Diagnose des mentalen Wandels, wo liegen die Aufgaben junger Ökonomen heute?
Das sollen sie selber herausfinden und entscheiden.

Welchen Artikel möchten Sie in Stein gemeisselt sehen?
Keinen; denn ich glaube an den technischen Fortschritt und publiziere daher die folgenden zwei:
1. Die Swissair – und kein Ende
2. Blatter-Johanson & Schwab – die Outsourcing-Spezialisten

BRUNO S. FREY ANTWORTETE:

Betriebswirtschaftler leben vom Betrieb – wovon leben Volkswirtschaftler?
Von der Bereitschaft der Gesellschaft, sich über die wirtschaftlichen Zusammenhänge zu orientieren und dafür Steuermittel aufzubringen.

Ziert oder stört der ökonomische Antrieb in eigener Sache den Volkswirtschaftler?
Der Antrieb ist vorteilhaft, wenn darunter eine wirksame (effiziente) Forschung mit einer klaren Aussage verstanden wird.

Stört seine Denkweise die Partnerin, seine Kinder, seine Freunde?
Ja, wenn darunter ausschliesslich eigennütziges Verhalten verstanden würde. Dies entspricht aber nicht meinem Verständnis des ökonomischen Modells des menschlichen Verhaltens.

Welches Ziel soll ein Student der Volkswirtschaft haben?
Das menschliche Verhalten unter unterschiedlichen gesellschaftlichen Bedingungen zu verstehen und sich zu überlegen, was zu einer Verbesserung der Wirtschaftslage unternommen werden kann.

Welches nicht?
Anzunehmen, die Volkswirtschaftslehre berechtige dazu, andern Leuten Vorschriften zu machen und zu glauben, man könne jedes Übel durch staatliche Interventionen beseitigen.

Wo würden Sie heute Volkswirtschaft studieren?
An der London School of Economics, wo der Zusammenhang der Wirtschaft mit politischen, psychologischen und soziologischen Aspekten als wichtig erachtet wird.

Wo nicht?
In Mannheim, Bonn oder jeder andern Universität, wo Volkswirtschaftslehre mit angewandter Mathematik verwechselt wird.

Können die Soziologie, Politologie und Psychologie einen Beitrag an die Volkswirtschaftslehre leisten? Sind diese späten Wissenschaften «Hilfswissenschaften»?
Nein, sie sind vielmehr zentral. Die Volkswirtschaftslehre ist nur eine relevante Wissenschaft, wenn sie die Kenntnisse anderer Wissenschaften ernst nimmt.

Welche Modeströmung in der heutigen Volkswirtschaftslehre würden Sie wegempfehlen, wenn sie die Macht dazu hätten?
Die gesamte formalistische, an Modellen klebende und sich nicht vorwiegend an den Problemen der Wirklichkeit orientierte Lehre.

Welche methodischen und sachlichen Felder sollte die künftige Volkswirtschaftslehre hingegen besonders beackern?

Interdisziplinäre Zusammenhänge, ohne dabei die vorzüglichen Eigenschaften des ökonomischen Denkansatzes aufzugeben.

Was war Ihr bester Rat?
Auf die sogenannte «Leistungsentlohnung» zu verzichten.

Welches ist Ihr berufliches Motto?
«Fröhliche Wissenschaft.»

Warum sind die meisten Nobelpreisträger der Ökonomie Amerikaner oder Angelsachsen?
Weil die Amerikaner heute die Wirtschaftswissenschaft beherrschen und alles andere kaum zur Kenntnis nehmen. Was in einer andern Sprache als Englisch erscheint, wird völlig ignoriert.

Welchen Ökonomen seit Adam Smith bewundern Sie für seine Wirkung, welchen für die Eleganz seiner Idee, welchen für seinen Lebensplan?
Ich bewundere Gary Becker für die grosse Wirkung, die er mit der Anwendung des ökonomischen Denkens auf alle mögliche Bereiche ausgeübt hat.
Ich bewundere Albert Hirschmann für die Eleganz seiner Ideen, so etwa der Analyse vom Austritt (exit), Protest (voice) und Loyalität.
Ich bewundere Joseph Schumpeter und Maynard Keynes für ihr ausserordentlich aktives Leben auch ausserhalb der engen Wissenschaft.

Was sollte der schweizerische Universitätsbetrieb von den Amerikanern übernehmen?
Die Freude an intellektueller Auseinandersetzung – aber gerade nicht die Art der Ausbildung, insbesondere nicht auf der Doktorandenebene. Das in unserem System geltende Lehrstuhlprinzip funktioniert hervorragend und kann Nachwuchswissenschaftler an die Spitze der Forschung heranführen.

*Sie treten als betont liberaler Ökonom für Werte und
Prozesse ein, die in den letzten 30 Jahren beinahe
Minderheitsstatus in der öffentlichen Meinung und in der
Politik bekamen. Was hat Ihre Generation falsch gemacht?*
Zu viel Investition in die formale Ausbildung anstelle einer analytisch geprägten Auseinandersetzung mit dringenden gesellschaftlichen Problemen wie Hunger oder Arbeitslosigkeit.

*Welches sind die Mechanismen, kraft derer eine
Gesellschaft Meinungen formt, annimmt oder verwirft?*
Wenn ich das wüsste ...

*Aufgrund dieser Diagnose des mentalen Wandels,
wo liegen die Aufgaben junger Ökonomen heute?*
Von den Problemen dieser Welt auszugehen und diese dann gekonnt zu analysieren, insbesondere mithilfe empirischer Forschung.

*Welchen Ihrer Artikel möchten Sie in Stein
gemeisselt sehen?*
Keinen. Für mich ist immer der letzte Aufsatz der liebste, weil ich mich intensiv damit beschäftige. Im Moment ist dies meine grundlegende Kritik an der Evaluierungsmanie («Evaluitis – eine neue Krankheit?»).

KURT SCHILTKNECHT ANTWORTETE:

*Betriebswirtschaftler leben vom Betrieb – wovon
leben Volkswirtschaftler?*
Volkswirtschaftler leben von der Zukunft. Alle Leute wollen wissen, wie es mit der Wirtschaft und der Gesellschaft weitergeht. Volkswirtschaftler haben immer eine Antwort, wenn auch häufig nicht die richtige.

*Ziert oder stört der ökonomische Antrieb in
eigener Sache den Volkswirtschaftler?*
Nein, ich funktioniere fast wie der Homo oeconomicus des Lehrbuchs, das heisst ich bin bestrebt, möglichst rational zu denken, die Ereignisse, die Situationen und Probleme im gesellschaftlichen und persönlichen Leben miteinander zu vergleichen und daraus Schlussfolgerungen für mein weiteres Leben zu ziehen. Ich glaube, dass ich auf diese Art und Weise zu einem erfolgreichen und zufriedenen Leben gelangt bin.

*Stört seine Denkweise die Partnerin, seine Kinder,
seine Freunde?*
Meine Frau hat sich um wirtschaftliche Fragen wenig gekümmert, sie war für den kulturellen Bereich in der Familie verantwortlich. Früher ärgerte es meine Kinder, dass ich von ihnen forderte, empirische Evidenz für Behauptungen über das Funktionieren beziehungsweise Nichtfunktionieren unserer freien Marktwirtschaft zu liefern. Heute revanchieren sie sich, und ich bin gefordert, meine nicht immer populären wirtschaftspolitischen und gesellschaftlichen Thesen mit Evidenz zu untermauern.

Welches Ziel soll ein Student der Volkswirtschaft haben?
Das Instrumentarium zu beherrschen, das zur Analyse und zum Verständnis wirtschaftlicher und gesellschaftspolitischer Prozesse notwendig ist.

Welches nicht?
Sich einseitig mit der formalen Analyse wirtschaftlicher Prozesse zu begnügen und zu vergessen, dass das Geschehen in der Wirtschaft letztlich das Ergebnis menschlichen Verhaltens und der staatlichen Organisation und nicht das Ergebnis eines mathematischen Prozesses ist.

Wo würden Sie heute Volkswirtschaft studieren?

Das Grundstudium würde ich (aus Kostengründen) entweder in Basel, Bern, Zürich oder Lausanne/Genf machen. Anschliessend würde ich meine Ausbildung an einer der führenden amerikanischen Universitäten vertiefen.

Wo nicht?
An einer Hochschule, die vornehmlich Hausberufungen vornimmt und/oder an der die traditionelle und wissenschaftlich oft wenig fundierte Betriebswirtschaftslehre dominiert.

Können die Soziologie, Politologie und Psychologie einen Beitrag an die Volkswirtschaftslehre leisten? Sind diese späten Wissenschaften «Hilfswissenschaften»?
Diese drei Wissenschaften können wesentliche Beiträge zur Volkswirtschaftslehre leisten, nicht zuletzt deshalb, weil Ökonomen oft in ihren traditionellen Vorstellungen verhaftet sind. Eine Öffnung des Blickwinkels schadet nie. In Bezug auf die Methodik zur Überprüfung von Hypothesen verfügt die Volkswirtschaftslehre allerdings nach wie vor über eine längere und damit auch grössere Erfahrung.

Welche Modeströmung in der heutigen Volkswirtschaftslehre würden Sie wegempfehlen, wenn sie die Macht dazu hätten?
Als liberaler Volkswirtschaftler bin ich grundsätzlich der Meinung, dass die Forschung nicht eingeschränkt werden sollte. Selbstverständlich gibt es Modeströmungen, die ich aus meiner Warte als weniger Erfolg versprechend betrachte. Dazu gehören beispielsweise die Laborexperimente mit Studenten. Das Verhalten in der Praxis und in einem Laborexperiment können sich stark unterscheiden. Risiken sehen anders aus, wenn man deren Folgen am eigenen Leib zu spüren bekommt.

Welche methodischen und sachlichen Felder sollte die künftige Volkswirtschaftslehre hingegen besonders beackern?

Es gibt unglaublich viele spannende Themen, beispielsweise die Implikationen der steigenden Staatsausgaben und der damit einhergehenden Umverteilungen auf das Wachstum. Ungelöst sind auch Corporate-Governance-Fragen, die sich aus der zunehmenden Bedeutung institutioneller Investoren und der Grösse multinationaler Konzerne ergeben.

Was war Ihr bester Rat?
Lernen, arbeiten und die Mitmenschen achten. Dies war der Rat meiner Eltern, und ich bin nicht schlecht damit gefahren.

Welches ist Ihr berufliches Motto?
Arbeiten, lernen, neugierig und offen für Neues und bereit für die Übernahme von Verantwortung und Risiken sein.

Warum sind die meisten Nobelpreisträger der Ökonomie Amerikaner oder Angelsachsen?
Als Folge des Nationalsozialismus flüchteten viele führende Wissenschaftler von Kontinentaleuropa nach Amerika und trugen dort zum Aufschwung der Wissenschaft bei. Nach dem Zweiten Weltkrieg fehlten diese an den europäischen Hochschulen. Es folgte eine Periode der Mittelmässigkeit mit vielen Hausberufungen. Inzwischen haben die Europäer aufgeholt. Der Wettbewerb zwischen den privaten Universitäten in den USA bringt es allerdings mit sich, dass die führenden Wissenschaftler in den USA nach wie vor ein besseres Arbeitsumfeld vorfinden.

Welchen Ökonomen seit Adam Smith bewundern Sie für seine Wirkung, welchen für die Eleganz seiner Idee, welchen für seinen Lebensplan?
Milton Friedman für seine Fähigkeit, schwierige Probleme in einfacher Sprache zu vermitteln und der Idee einer freiheitlichen Gesellschaft wieder Auftrieb zu geben. Friedrich A. Hayek bewundere ich, weil er die Vorteile der Marktwirtschaft mit einer unglaublichen Klarheit herauszuarbeiten verstand. Nicht zuletzt

habe ich meinen verstorbenen Freund Karl Brunner bewundert, wie er zusammen mit Allan A. Meltzer während Jahren gegen den Widerstand des traditionellen Ökonomenestablishments den monetaristischen Ideen zum Durchbruch verholfen und der Rückkehr zur Preisstabilität auf der Welt den Weg geebnet hat.

Was sollte der schweizerische Universitätsbetrieb von den Amerikanern übernehmen?
Ein Teil der Universitäten sollte privatisiert und dem internationalen Wettbewerb ausgesetzt werden. Der Rest ergibt sich von selbst. Denn Wettbewerb funktioniert bei den Universitäten genauso wie in der privaten Wirtschaft.

Sie treten als betont liberaler Ökonom für Werte und Prozesse ein, die in den letzten 30 Jahren beinahe Minderheitsstatus in der öffentlichen Meinung und in der Politik bekamen. Was hat Ihre Generation falsch gemacht?
Nicht alles, was man in der Wirtschaftspolitik der letzten 50 Jahre gemacht hat, war schlecht. So war es sicher eine wichtige Erkenntnis, dass die Marktwirtschaft viele, aber nicht alle Probleme löst und dass auch in der modernen Industriegesellschaft der Sozialpolitik eine wichtige Rolle zukommt. Es war jedoch ein grosser Fehler, die Sozialpolitik unreflektiert auszubauen und nicht mehr gezielt, sondern nach dem Giesskannenprinzip zu betreiben.

Welches sind die Mechanismen, kraft derer eine Gesellschaft Meinungen formt, annimmt oder verwirft?
Persönliche Erfahrungen und Erkenntnisse spielen sicher eine grosse Rolle. Bis sich allerdings die «richtigen» Erkenntnisse durchsetzen, kann es viele Jahre dauern.

Aufgrund dieser Diagnose des mentalen Wandels, wo liegen die Aufgaben junger Ökonomen heute?
Junge Ökonomen müssen wieder lernen, wichtige wirtschaftspolitische Erkenntnisse unter die Leute zu bringen und diese in einen

Zusammenhang mit den Erfahrungen jedes Einzelnen zu bringen. Das wirtschaftspolitische Terrain darf nicht zweitklassigen Ökonomen oder sozialistischen Ideologen überlassen werden, die einzelne Fehlentwicklungen zum Anlass einer Fundamentalkritik an der Marktwirtschaft nehmen.

Welchen Ihrer Artikel möchten Sie in Stein gemeisselt sehen?
Ich habe keinen Artikel geschrieben, den man in Stein meisseln müsste. Meine Stärken lagen in der Umsetzung theoretischer Erkenntnisse in die Praxis. Einiges von dem, was ich gemacht habe, ist in die Geldpolitik der Schweizerischen Nationalbank geflossen, und dies hat mir eine grosse Befriedigung gegeben.

Herausragende Artikel aus der publizistischen Tätigkeit der drei Ökonomen

Auch wenn diese Artikel nicht in Stein gemeisselt sein wollen, hier sollen sie wenigstens abgedruckt werden. Und dabei gilt, was schon Horaz von seinem Schreiben sagte: «Ich habe ein Monument errichtet, dauerhafter als Erz.»

Silvio Borner
Die Swissair – und kein Ende

Drei Jahre nach dem Grounding des einstigen helvetischen Stolzes der Lüfte ist das Thema noch immer nicht vom Tisch. Aufarbeiten ist angesagt – angeblich, um ein traumatisches Ereignis von nationaler Tragweite richtig in die Geschichte unseres Landes einmünden zu lassen. Offensichtlich ist hier etwas Unfassbares, die intellektuelle und emotionale Verarbeitungskapazität Sprengendes geschehen, wie etwa der Untergang der Titanic oder der Anschlag auf das World Trade Center.

Genauso wie es eine rein helvetische Prominenz vorab für die Ringier-Blätter gibt, existiert anscheinend eine ebenfalls nur landesspezifische Katastrophen-Wahrnehmung. Eines Morgens hob die Swissair einfach nicht mehr ab und blieb mit leeren Kerosintanks und noch leereren Kassen am Boden zerstört liegen. Aufgeregte Politiker verkündeten eine Folgekatastrophe auf dem Arbeitsmarkt, den Todesstoss für den Tourismus, das «downunder» für die Metropole Zürich und vieles mehr, was eine Art Nationaltrauer erforderte. Seither fliegen die Luftkähne mit dem Roten Kreuz wieder – im Rahmen einer weltweiten Allianz und unter den Fittichen der Lufthansa, die, selber profitabel, auch die redimensionierte Swiss wieder in den Bereich schwarzer Zahlen zurückführen will und wohl auch kann. Der Flughafen Zürich – aus unerfindlichen Gründen «Unique» getauft – hat weniger von der Schrumpf-Swiss ohne das «Air» zu befürchten als vielmehr vom Gerangel zwischen den lokalen Helden für eine gerechtere Lärmverteilung zum einen und verpassten Gelegenheiten für einen Deal mit den deutschen Nachbarn zum andern. In Genf und Basel vermisst man die teure Swiss nicht sonderlich, die Passagierzahlen und die Reichweite für die Luftgäste nehmen zu.

Also eigentlich ziemlich «business as usual». Aber der Ökonom verkennt wohl (wieder einmal) die gefühlsmässige Seite. Die Schmach sitzt tief in der Volksseele. Das wollen uns Filmemacher und Richter zumindest weismachen. Den Film habe ich mir nicht angesehen, weil die letzten Tage vor dem Grounding aus politökonomischer Sicht eher nebensächlich sind. Eine Konzentration darauf lenkt nur von den wahren Lehren dieser Geschichte ab. Dasselbe gilt wohl für den juristisch untauglichen, aber politisch opportunistischen Versuch, Manager und Verwaltungsräte strafrechtlich zu verfolgen. Letzteres wird wohl in der Verjährung versanden oder vor allem bei den Verwaltungsräten zu einem Freispruch führen (müssen).

So schlimm ich den ganzen Fall auch finde, so wäre eine strafrechtliche Verurteilung von Verwaltungsräten eher noch schlimmer. Die Verwaltungsräte sind wohl mit viel Naivität und wenig Sachverstand an ihre Aufgaben herangegangen, aber ihnen deswegen vorsätzlich Straftaten zuschreiben zu versuchen, ist eine juristische Kapriole. Die Justiz weiss dies sehr wahrscheinlich selber, aber sie zieht es vor, zu dieser Art Schauprozess Zuflucht zu nehmen. Sie wäscht sich dann die Hände in Unschuld und bietet gleichzeitig die Gelegenheit, anschliessend den angeblichen Justizskandal zu verarbeiten. Wenn Manager und Verwaltungsräte eine Firma mit einer falschen Strategie oder fahrlässig-riskanten Finanzierungstricks in den Boden reiten, dann nehmen vor allem die Eigentümer (Aktionäre) und Kreditgeber (Banken) Schaden. Diese müssen in erster Linie aufpassen, dass das Management ihr Geld nicht in den Sand setzt. Dass wir Steuerzahler auch Geld verloren haben, hat nicht mit den Versäumnissen des Verwaltungsrats zu tun, sondern vielmehr mit dem guten Geld, das eine kleine Gruppe in Bundes-Bern ins leere Fass ohne Boden nach dem Grounding geworfen hat. Der Neubeginn mit dem Fokus auf die viel zu grosse Zahl von Fluggeräten (26/26) war in jenem Zeitpunkt mit Sicherheit die dümmere Strategie als die Hunter-Idee unmittelbar nach der Ablehnung des EWR.

Was bis jetzt noch nicht aufgearbeitet worden ist, sind die wahren Gründe für das Debakel. Diese würde ich unter dem Stichwort «verpolitisiertes Unternehmen» zusammenfassen. Schon 1993 habe ich dazu Folgendes geschrieben: «Es kommt vor allem in Drittweltländern vor, dass das Nationalbewusstsein an ‹national flag carriers› der Luftfahrt festgemacht wird oder dass nationale Unternehmen zum Symbol des Widerstandes gegen den Einfluss des Auslandes erklärt werden ... Wenn das alles ... seinen Preis hat, dann zahlen wir ihn halt ... Die gelben Postkarossen haben den rot-weissen Kisten den Weg vorgezeichnet. Mit genügend Schub könnte man selbst Postautos zum Fliegen bringen, und mit genügend Subventionen bleiben auch die schweizerischen Staatsflugi kompetitiv.»

Der Bund war in einer unverträglichen Doppelrolle als Miteigentümer, Aufsichtsorgan und Regulator. Er liess sich leider von der Airline dazu verleiten, die internationale Konkurrenz so gut und so lange wie möglich fernzuhalten. Auch das Projekt Alcazar und das frühzeitige Eingehen von Allianzen wurden vorweg aus politischen Prestigeüberlegungen im Bundesrat hochmütig begraben. Auch wenn der Bundesanteil im Aktionariat zurückgefahren wurde, so übernahm der Staat dadurch trotz allem eine informelle Staatsgarantie und kam dann auch entsprechend zum Handkuss. «Verpolitisierte Unternehmen» scheitern früher oder später. Die Parallelen zwischen Swissair und Swisscom sind erschreckend: auch hier eine politisch extreme Verzögerung der Liberalisierung und Deregulierung, auch hier ein hoher Bundesanteil, auch hier

Übernahme von staatsnahen Aufgaben, die sich geschäftsmässig wohl nicht rechnen, wie zum Beispiel die hohen Aufwendungen für Werbung, Marketing und Sponsoring. Auch hier die Tendenz, den Monopolbereich zu melken und damit andere Aktivitäten quer zu subventionieren. Auch hier der im letzten Moment gescheiterte Versuch, mit einer «Hunter-Strategie» zum europäischen Schrottkäufer zu mutieren. Die Swissair war auch einmal eine ertragreiche Perle, ein nationales Symbol für die weltoffene, tüchtige und solide Schweiz. Nun ist sie zum dramaturgischen Rohstoff für Actionfilme und Strafgerichte geworden. Ja, so schnell kann das gehen, zum Beispiel dereinst auch bei der Swisscom, die wohl Gewinne in die Staatskasse spült, aber mit ihren überhöhten Tarifen Konsumenten- und Produzentenrenten in viel grösserem Ausmass vernichtet. Dieselben Kreise, die jetzt die Banker oder Verwaltungsräte nicht nur an den Pranger stellen (was ausgiebig geschehen ist), sondern wie im Mittelalter in den Schuldenturm sperren möchten, reden und handeln bei der Swisscom genau gleich wie 10 oder 15 Jahre zuvor über die Swissair. Dass es zu einem grossen Teil die gleichen Leute sind, macht die Sache nicht besser. Und übrigens auch die Swissmetall im politisch exponierten Renconvilier ist primär ein Opfer der lokalpolitischen Vereinnahmung der Standortfrage und des gewerkschaftlichen Reitens auf eben dieser Welle. Auch die SUVA lässt grüssen.

Erstmals erschienen in: *Aargauer Mittelland Zeitung*, 22.06.2006.

SILVIO BORNER
Blatter-Johanson & Schwab – die Outsourcing-Spezialisten

Es gibt bekanntlich viele Wege, um an die Staatskrippe zu gelangen. Am einfachsten sind natürlich direkte Transfers im Sinne von umgekehrten Steuern, wie zum Beispiel bei den Direktzahlungen an Landwirte. Andere wiederum, wie zum Beispiel die Filmbranche, geben vor, öffentliche Leistungen zu erbringen und wollen dafür mit Subventionen abgegolten werden. Noch Schlauere verlangen nicht direkt Geld, sondern Schutz vor der Konkurrenz, um höhere Preise zu erzielen. Es entstehen sogenannte Renten, die durch die Konsumenten in Form von Quasi-Steuern wie etwa zu hohe Telefongebühren, Stromtarife oder Fernsehkonzessionen zwangsweise eingetrieben werden. Sehr beliebt sind auch Ausnahmen und Schlupflöcher der Besteuerung mit allerlei fadenscheinigen bis abenteuerlichen Begründungen.

Einfach Geld vom Staat zu verlangen, ist ein bisschen plump, zudem gut sichtbar und provoziert somit Widerstand. Die Beliebtheit bei den Profiteuren aus Staatstätigkeit steigt mit der abnehmenden Transparenz darüber, wer was bekommt und wer was berappt. Leider steigen aber auch die volkswirtschaftlichen Kosten, weil all die Verschleierungen der staatlichen Wohltaten zugunsten privilegierter Empfängergruppen zusätzlichen Aufwand nach sich ziehen, wie zum Beispiel in Form von Hunderten von Steuerberatern, Dutzenden von Lobby-Firmen und boomenden staatlichen Verteilbürokratien. Dieses unproduktive Gewinnstreben verschlingt knappe Ressourcen, ohne etwas zur Wertschöpfung beizutragen.

Nun kommt noch das Outsourcing als neueste und besonders kreative Methode hinzu. Normalerweise versteht man darunter, dass die Wertschöpfungsketten aufgebrochen werden und Teile davon an Dritte, häufig im billigeren Ausland ausgelagert werden. So spart man Geld. Nun wie wäre es, wenn wir solche Dritte fänden – und wenn möglich in unmittelbarer Nähe –, welche die «outgesourcten» Aktivitäten gratis liefern würden? «There is no such thing as a free lunch», sagte bekanntlich Milton Friedman schon vor vielen Jahren. Und wie recht er hat! Wenn auf den ersten Blick niemand zahlt, dann sind es auf den zweiten Blick höchstwahrscheinlich düpierte oder naive Steuerzahler, brave Bürgerinnen und Bürger.

Bei Blatter-Johanson & Schwab geht das so: Der eine hat die Stiftung WEF, deren Umsatz bald die 100-Millionen-Grenze erreichen wird und die der Stiftung und dem Stifter sehr viel Geld in die Kasse gespült hat. Das WEF organisiert eine Art winterliche Love Parade mit viel Pomp und Prominenz auf höchster Ebene. In letzter Zeit hat es etwas weniger üble Diktatoren, korrupte Politiker oder gestrauchelte Manager, dafür mehr Topstars aus Hollywood und der Unterhaltungsindustrie. Nach dem Motto «Der Weg ist das Ziel» sind Ergebnisse nicht wirklich gefragt. Fun und Glamour, Sehen und Gesehenwerden sind Lohn der Anstrengung genug. Gut, das ist vielleicht ein zu hartes Verdikt: Hat nicht Bill Clinton das weltbewegende Statement gemacht, dass der Klimawandel die grösste Herausforderung unserer Zivilisation sei? Wissenschaftlich ist das nicht so sicher, noch weniger, wie hoch der Anteil der anthropogenen Faktoren ist und erst recht, welche Strategie die beste wäre, wenn die ersten beiden Hypothesen zuträfen. Die Berechnung des von den WEF-Teilnehmern verpufften CO_2 und deren Abgeltung durch etwa 100 Franken für Teilnehmer aus den USA ist bestenfalls ein absolut billigster PR-Gag. Also wenn schon eine Abgeltung der CO_2-Verschmutzung, dann bitte zu den horrenden Vermeidungskosten der Politik der Schweiz oder Deutschlands. Dann würde zumindest der Irrsinn dieser Art von Förderung von Alternativenergien publik.

Tausend Mitgliederfirmen zahlen dem WEF je 30 000 Franken. Dazu kommen Teilnehmergebühren, die hoch genug sein müssen, damit nicht die Falschen kommen. Wen stört das?

Es sollte darüber eigentlich niemand in Rage geraten, ausser vielleicht die Aktionäre, die aber ihren gestressten Topshots offensichtlich ein paar Luxustage in Davos gönnen. Trotzdem wäre es einmal eine kleine Studie wert, ob der regelmässige WEF-Besuch von Managern positiv oder negativ mit dem Erfolg des Unternehmens korreliert. Mein Freund und Kollege David Yermack von der NYU hat nämlich herausgefunden, dass Firmen mit Privatjets eine signifikant schlechtere Performance aufweisen. WEF-Teilnahmen und Flüge in privaten Jets haben immerhin eine gewisse Verwandtschaft.

Doch zurück zum Thema Outsourcing. So erlesene und erleuchtete Gäste und so hoch gesteckte Ziele wecken Neid, Hass, Wut, Empörung derjenigen, die etwas auf der Schattenseite des Lebens existieren. Ruhe und Sicherheit der in Davos versammelten

Welteliten sind von der neutralen Schweiz zu garantieren. Die Weltstars sind ja unsere Gäste, nicht wahr? Geschützt und beschützt werden mussten auch wir armen Basler, weil unsere Innenstadt vor den Auswüchsen unnötiger Gegendemonstrationen gegen das unnötige WEF sonst verwüstet worden wäre. Auch dies eine freundeidgenössische Geste Basels an die Adresse von Graubünden. Ihr da oben sonnt euch in Glanz und Gloria, wir da unten lassen die Demonstranten durch unsere Gassen lärmen – eine neue Form der Berg- oder Winterhilfe.

Zu den 230 WEF-Mitarbeitern kommen als Schutztruppe noch 5500 ausgelagerte Soldaten (auf jeden Teilnehmer etwa zwei). Von den Polizisten wollen wir gar nicht reden und dem Verlust an Lebensqualität in Davos und Basel während der Demo schon gar nicht. Wir müssen aber darüber reden, weil Herr Schwab die Rechnungen für die spektakulären Sicherheitsvorkehrungen beim Staat anfallen lässt. Dieser erklärt treuherzig, die Zusatzkosten im Vergleich zu einem gewöhnlichen WK seien nicht so gross, woraus man schliessen muss, dass die Wiederholungskurse der Armee ohnehin für die Katz sind. Ökonomen sprechen hier von Opportunitätskosten von Null, das heisst wir können unsere Armee für x-beliebige Zwecke einsetzen. Und so stampfen halt unsere braven Schweiks Schnee für Skirennen, sperren Strassen für Demos oder überwachen den Luftraum über Davos. Oder anders herum: Die Firma Schwab (in der Rechtsform einer Stiftung) gibt mit ihrem «Gratis- Outsourcing» der Sicherheit an die Armee unseren Soldaten die gute Gelegenheit, den Ernstfall zu üben und erst noch ein paar Sonnenstrahlen einzufangen, statt in den nebligen und staubigen «Agglos» das eh unnötige Wachstum anzukurbeln.

Die Firma Blatter-Johanson & Schwab ist ein privater Verein mit Namen Fifa bzw. Uefa. Die Fifa organisiert weltweit den Fussball, erlässt die Spielregeln, macht Vorschriften, wie die Stadien gebaut sein müssen (ohne selber solche zu bauen oder mit zu finanzieren) und organisiert die Weltmeisterschaften, die als wertvolle Trophäen des Nationalismus grossmütig und grossspurig in pompösen Zeremonien an Länder verschachert werden, die sich darum reissen, wenn nicht gar (be-)stechen. Die Uefa monopolisiert die Champions League und die Europameisterschaften. Der Umsatz im Fussball ist gigantisch, und die Paläste der Fifa und der Uefa sind imposant. Woher kommt all das viele Geld, und wohin fliesst es? Das Geschäftsmodell von Fifa und Uefa ist ebenso genial wie intransparent.

Die «Konzerntochter» Uefa hat mit der Euro 08 die Schweiz und Österreich beglückt. Das Outsourcing betrifft hier fast alles, so zum Beispiel den Aus- und Neubau sowie den Betrieb der Stadien oder die Gewährleistung der Sicherheit der Zuschauer. Dafür wollte der Bund ursprünglich 3 Millionen Franken aufwerfen. Mittlerweile sind wir bei 82 Millionen angelangt, aber es wird wohl wie bei andern an Private ausgelagerten staatlichen Projekten (Expo) auch ein wenig mehr werden (dürfen). Im Gegenzug verlangt die Uefa vom Staat, auf die Besteuerung der Spielergagen zu verzichten.

Furchtbar viele Leute regen sich in diesem Land furchtbar über die hohen Bezüge der Spitzenmanager auf, obwohl diese im schlimmsten Fall ihre Eigentümer (lies Aktionäre) ausnehmen. Bei WEF, Fifa und Uefa kommen aber auch wir Steuerzahler – ungefragt und unfreiwillig – an die Kasse und finanzieren so indirekt die Häppchen und den «Schämpis», der noch etwas teurer werden dürfte, wenn zum Beispiel 5500 private Sicherheitsleute vom Veranstalter bezahlt werden müssten.

Hinzu kommt noch etwas anderes. Wenn eine private PR-Party von Tausenden von uniformierten Soldaten, dem Inbegriff der staatlichen Macht, bewacht werden muss, kann man es den sonst noch so verwirrten WEF-Gegnern nicht verübeln, wenn sie dieses harmlose Happening als verkappte Weltregierung missverstehen. Das WEF bewirkt materiell nichts, ausser dass die WEF-Gegner dagegen anrennen und damit etwas bewirken, was in falsche Entwicklungsrichtungen führt. Der «spirit of Davos» verführt selbst Manager zu theatralischen Einlagen, die von Film- und Popstars inszeniert worden sind und beim Volk unter der Nebeldecke zumindest Verwunderung auslösen. Der Fussball ist so gesehen harmloser und bietet viel mehr Menschen Spektakel und Spannung. Dafür liegt er dem Steuerzahler auch deutlich schwerer auf dem Geldbeutel als das WEF. Aber trotzdem: Eine Winterolympiade in Davos würde wohl mindestens fünf WEF in Sachen Kosten-Nutzen leicht aufwiegen.

Corporate Governance ist heute zum meist gebrauchten Begriff in der Business-Welt geworden. Wer kümmert sich eigentlich um die Corporate Governance der Fifa, der Uefa oder dem WEF? Wer schaut diesen schier allmächtigen Präsidenten von privaten Stiftungen oder Vereinen eigentlich in die Bücher, bevor oder nachdem sie Beträge in dreistelliger Millionenhöhe aus der ach so offenen öffentlichen Hand bezogen haben? Wir wissen jetzt dank Corporate-Governance-Richtlinien, wie hoch die Bezüge der Herren Ospel und Vasella & Co. sind. Aber was verdienen eigentlich die Herren Schwab und Blatter? Welchen Offenlegungspflichten, Ausstandsregeln bei Interessenkonflikten oder staatlichen Überwachungssystemen unterliegen diese als Vereine oder Stiftungen getarnten multinationalen Unternehmen? Übrigens ist das in Lausanne domilizierte IOC – auch dies ein harmloser privater Verein – in derselben Branche tätig. Und in jeder Beziehung ähnlich erfolgreich. Bevor wir weiter an den Regulierungsschrauben der aktien- und börsenrechtlich eng überwachten Privatwirtschaft drehen, sollten wir diese Vereine etwas unter die Lupe nehmen, die fette Erträge «insourcen», aber Kosten gut und gerne auslagern. Kreativität als Imperativ: Das WEF lebt uns das Jahr für Jahr vor. Man muss nur genau hinschauen.

Erstmals erschienen in: *Weltwoche* Nr. 05/2006.

BRUNO S. FREY
Zwei Utopien jenseits des Weltstaates und der Anarchie

Weltstaat und staatenloser internationaler Handel sind weder wünschbar noch erreichbare Utopien. Ein Weltstaat ist nicht nur schwer zu erreichende Utopie, sondern ist wegen seiner extremen Monopolmacht gegenüber den Individuen, der Ineffizienz und der

Verteilungsungerechtigkeit auch unerwünscht. Ebenso ist eine Anarchie einer globalen Wirtschaft und Gesellschaft ohne Staatsinterventionen völlig unrealistisch und weist ernst zu nehmende Mängel auf. Eine zukünftige Weltordnung muss flexibel sein, damit den noch unbekannten Herausforderungen erfolgreich begegnet werden kann.

Aus diesem Grund werden hier zwei neue Utopien zur Weltordnung entwickelt, die sowohl gute Eigenschaften aufweisen und sich auch realisieren lassen. Der Autor ist sich bewusst, dass die Vorschläge gegenwärtig wenig Chance haben, verwirklicht zu werden. Verhindert wird dies nicht nur durch die Last der Geschichte und der Gewohnheiten, sondern vor allem auch durch das Interesse der Politiker, die von den heutigen Arrangements profitieren. Die zwei Utopien sind:
1. Die Menschen sollten selbst auswählen können, welchen Organisationen sie als Bürger oder Bürgerinnen angehören wollen, und sie sollten die bürgerliche Zugehörigkeit nach Bedarf ändern können. Die freie Wahl der bürgerlichen Zugehörigkeit bricht radikal mit dem Monopolanspruch heutiger Staaten auf «ihre» Bürger.
2. Das staatliche Angebot sollte sich an der Geografie der Probleme orientieren; deshalb sind entsprechende funktionale Einheiten zu ermöglichen, deren Grösse sich variabel an die Erfordernisse anpasst. Die Organisation von staatlichen Einheiten entsprechend den (in der Zukunft) auftretenden Problemen steht in hartem Gegensatz zur Konstruktion der heutigen Nationalstaaten.

Eine der wichtigsten Entwicklungen in der Gegenwart ist die Globalisierung. Die entwickelten Utopien müssen deshalb mit einer bereits hoch entwickelten und sich in der Zukunft noch stärker ausbreitenden Globalisierung vereinbar sein. Die Globalisierung der Wirtschaft und Gesellschaft wird von vielen Leuten oft vehement abgelehnt. Der Autor ist mit einer vorwiegend negativen Charakterisierung der Einflüsse der Globalisierung nicht einverstanden. Sorgfältige empirische Untersuchungen belegen, dass die

Globalisierung davon abweichende Auswirkungen hat. Hier sei nur auf die (zentrale) Behauptung eingegangen, dass die Globalisierung die Armut auf der Welt verschärfe. Erfreulicherweise hat sich – gemäss den neuesten Berechnungen von Xavier Sala-i-Martin die Armut auf der Welt in den letzten 30 Jahren tatsächlich wesentlich vermindert.

Der Nationalstaat als einzige Identität des Bürgers ist in der globalen Gesellschaft überholt, weil diese durch ausgeprägte Unterschiede in zweierlei Hinsicht charakterisiert ist:
- Die Präferenzen der Individuen unterscheiden sich wesentlich voneinander; sie lassen sich nicht (mehr) allein durch die als homogen gedachte Institution der Nation erfüllen.
- In einer globalen Gesellschaft fühlt sich ein Individuum in aller Regel vielen Organisationen zugehörig; die Nation allein kann auch dieser Präferenz nicht gerecht werden.

Individuen können deshalb Bürger auch von Organisationen ausserhalb der Nation sein. Folgende Möglichkeiten lassen sich denken:

a) Individuen sind Bürger subnationaler Körperschaften wie Regionen, Provinzen oder Gemeinden, oder aber supranationaler Körperschaften wie der EU, der Nato, der Weltbank oder der Uno.

b) Personen sind Bürger auch in halbstaatlichen Organisationen. Dafür kommen viele verschiedene Institutionen infrage. Ein Beispiel sind Universitäten.

c) Personen sind Bürger nicht staatlicher Organisationen (Non-Governmental Institutions NGO). Beispiele sind global tätige karitative Organisationen wie das Rote Kreuz, die Médecins sans Frontières, die Heilsarmee oder Kirche und religiöse Orden wie die Kartäuser oder Jesuiten; Umweltorganisationen wie World Wildlife Fund oder Greenpeace; Organisationen mit humanitären Zielen wie Amnesty International oder Terre des Hommes; schliesslich Vereinigungen mit einer sozialen Ausrichtung wie Rotary Club, Pfadfinder, aber auch Gewerkschaften.

d) Personen sind Bürger privater Organisationen. Dazu gehören globale funktional orientierte Vereinigungen wie zum Beispiel ICANN (die Internet Cooperation for Assigned Names and Numbers).
e) Individuen sind Bürger gewinnorientierter Firmen. In der Betriebswirtschaftslehre wird von «organizational citizenship» (Organ) gesprochen. Grosse Bedeutung wird insbesondere der «corporate citizenship» (Osterloh und Frey) zugewiesen.

In der Zukunft sollte der Begriff des «Bürgers» flexibel gehandhabt werden. Insbesondere sind folgende Varianten vorstellbar: temporäre Bürgerschaft, multiple Bürgerschaft, partielle Bürgerschaft. Daraus wird die spezielle Eigenschaft des erweiterten Bürgerkonzeptes deutlich: Es handelt sich um einen unvollständigen und freiwilligen Vertrag zwischen Individuen und von ihnen gewählten Organisationen. Die durch die Bürgerschaft begründete besondere Beziehung zwischen Individuen und Organisation übt zweierlei Wirkungen aus:

1. Bestehende intrinsische Motivation wird auf bestimmte Organisationen kanalisiert, und die Identifikation wird damit gefestigt.
2. Potenzielle intrinsische Motivation wird aktiviert, und Bürgertugenden werden geweckt. Damit werden auch andere Personen zu Beiträgen zu öffentlichen Gütern animiert und potenzielle Trittbrettfahrer abgeschreckt.

Eine Utopie flexibler demokratischer Körperschaften

Die bestehenden nationalen Grenzen sind in einer zukünftigen, globalen Gesellschaft obsolet. Die wirtschaftlichen Beziehungen werden durch die bestehenden nationalen Regelungen gehemmt und deshalb vermehrt umgangen. Die Spannung zwischen den unterschiedlichen wirtschaftlichen und politischen Anforderungen lässt sich lösen, wenn von den starren Grenzen öffentlicher Körperschaften abgewichen wird: Jede staatliche Tätigkeit soll sich in dem

Raum abwickeln, der dafür die geeignete Ausdehnung hat («geography of problems»). Geeignet dafür sind funktionale Körperschaften, die sich gegenseitig überlappen und die für ihre Tätigkeit notwendigen Steuern in einem demokratischen Verfahren erheben dürfen. Diese als FOCJ – gemäss den Anfangsbuchstaben «Functional, Overlapping, Competing Jurisdictions» – bezeichneten Einheiten sind durch vier Eigenschaften gekennzeichnet:

1. FOCJ sind funktional: Gebietskörperschaften erbringen ihre Leistungen umso effizienter, je vollständiger sie positive Skalenerträge ausnützen können, je gezielter sie ihre Leistungen an die Nachfrage der Bürger anzupassen vermögen und je genauer ihre Leistungsempfänger und Kostenträger übereinstimmen. Die verschiedenen staatlichen Leistungen (zum Beispiel Schulen, Kläranlagen, Landesverteidigung usw.) weisen aber ganz unterschiedliche Wirkungskreise und Skalenerträge auf. Überdies variiert die Nachfrage räumlich beträchtlich, weil sie von örtlich unterschiedlichen Faktoren abhängt (zum Beispiel dem Einkommen). Folglich ist es effizienter, wenn nicht alle Leistungen durch die gleiche Gebietskörperschaft erbracht werden, sondern von spezialisierten, auf die jeweiligen Probleme «massgeschneiderten» funktionalen Jurisdiktionen.

2. FOCJ sind überlappend: Sie erfüllen unterschiedliche Aufgaben. Folglich gehören die Bürger ganz unterschiedlichen «Bündeln» von Jurisdiktionen an. Oft können mehrere FOCJ, die gleiche oder ähnliche Funktionen haben, ihre Leistungen im gleichen geografischen Gebiet anbieten. Dadurch werden die Wahlmöglichkeiten der Bürger und der Wettbewerb zwischen den Anbietern staatlicher Leistungen zusätzlich gestärkt.

3. FOCJ sind wettbewerblich: Die Regierung eines FOCUS wird durch zwei Mechanismen gezwungen, auf die Nachfrage der Mitglieder einzugehen: Die Austrittsmöglichkeiten («exit») der Bürger und Gemeinden bewirken marktähnlichen Wettbewerb, und ihr Stimm- und Wahlrecht («voice») schafft poli-

tischen Wettbewerb (vgl. dazu Hirschman 1970). Wie in «clubs» (Buchanan 1965) können Eintrittspreise als Abgeltung für die Nutzung öffentlicher Güter und der Internalisierung externer Wanderungskosten dienen. Solche expliziten Preise stärken die Anreize der FOCJ-Regierungen, eine gute Politik zu betreiben und so neue (zahlende) Mitglieder anzuziehen. Die Bürger können die Exekutive und Legislative der jeweiligen FOCJ wählen. Zudem sollten sie über möglichst umfassende direktdemokratische Instrumente zur Kontrolle der Regierung verfügen. Das hohe Ausmass an demokratischen Kontrollmechanismen bildet auch einen entscheidenden Unterscheid zwischen FOCJ und technokratischen Zweckverbänden.

4. FOCJ sind Jurisdiktionen mit Steuerhoheit: Die FOCUS-Mitgliedschaft kann auf zwei unterschiedliche Weisen definiert sein: Mitglieder können die kleinsten politischen Einheiten, im Normalfall die Gemeinden, sein. Dann sind Gemeindeeinwohner automatisch Bürger derjenigen FOCJ, in denen ihre Gemeinde Mitglied ist, und sie können nur aus einem FOCUS austreten, indem sie umziehen. Im zweiten Fall kann ein einzelner Bürger frei entscheiden, ob er in einem bestimmten FOCUS Mitglied sein will.

Eine Verwirklichung des FOCJ-Konzeptes wird die Rolle der Gebietskörperschaften aller Ebenen – von Nationalstaaten bis zu den Kommunen – stark verändern. Sie bewirkt aber keineswegs ihre Zerschlagung, sondern schafft neue Alternativen. FOCJ werden nur diejenigen Aufgaben erfüllen, die ihnen von den Bürgern übertragen werden, das heisst die sie aus deren Sicht effizient lösen. Die Nationalstaaten werden weiterhin diejenigen Funktionen ausüben, die sie vergleichsweise effizient erbringen. Die vielfachen Zugehörigkeiten entsprechen der heutigen Zeit und dürften in der Zukunft noch wichtiger werden.

Gekürzt aus: «Zwei Utopien jenseits des Weltstaates und der Anarchie», Center for Research in Economics, Management and the Arts, Working Paper No. 2005–32, 2005.

BRUNO S. FREY
Was macht glücklich? Eine Analyse aus ökonomischer Sicht

Was lässt sich aus ökonomischer Sicht zum Glück sagen? Sollte dieses Thema nicht eher den Philosophen, Theologen oder Psychologen überlassen werden? In der Tat haben diese sich ausführlich mit Glück befasst. Im Vordergrund steht dabei die Befindlichkeit der einzelnen Personen. Daraus ist sogar so etwas wie eine «Glücksindustrie» entstanden, die den Menschen Ratschläge erteilt, wie sich glücklich leben lässt.

Mehr überrascht, dass sich heute auch Wirtschaftswissenschafter intensiv mit dem Thema beschäftigen. Dies ist kein Zufall, denn das letzte Ziel des Wirtschaftens liegt in der Maximierung des Nutzens der Menschen angesichts beschränkter Möglichkeiten.

In der Wirtschaftstheorie wurde allerdings dieser Nutzen bisher nicht quantitativ erfasst. Die wichtigsten Aussagen über das Verhalten der Menschen in der Wirtschaft lassen sich nämlich theoretisch und empirisch ableiten, ohne dass der Nutzen gemessen wird. Dies gilt vor allem für das grundlegende Nachfragegesetz. Dieses besagt, dass bei steigendem Preis für ein Gut oder eine Dienstleistung die nachgefragte Menge zurückgeht.

In jüngster Zeit hat sich die Situation in der Forschung drastisch geändert. Sozialpsychologen haben gezeigt, dass sich das Glücksempfinden von Personen mithilfe sorgfältiger Befragungen befriedigend messen lässt. Eine zufällige Stichprobe von Leuten wird nach ihrer subjektiven Zufriedenheit mit dem Leben befragt, wobei sie auf einer Skala von 1 («ganz und gar unzufrieden») bis 10 («ganz und gar zufrieden») antworten können.

Für die Schweiz wurde in den Jahren 1992 bis 1994 eine derartige Untersuchung durchgeführt, wobei über 6000 Personen persönlich angesprochen wurden. Ein grosser Anteil der Schweizer fühlt sich nach eigenem Bekunden «zufrieden» oder «ganz und gar zufrieden». Wenn man an die vielen griesgrämig aussehenden Tramfahrer am Morgen denkt, mag dies vielleicht erstaunen.

Tatsächlich stufen sich aber die Schweizer gerade auch im Vergleich zu den Angehörigen anderer Länder als durchaus glücklich ein. Dieser Befund ist gut gesichert: Wer sich selbst als glücklich einstuft, wird auch von der Umgebung als glücklich eingeschätzt und lacht im Gespräch mit andern auch mehr.

Wichtiger, als sich mit dem durchschnittlichen Glücksniveau zu beschäftigen, ist jedoch zu erfahren, auf welche Ursachen zurückzuführen ist, dass Menschen glücklich sind. Der Zusammenhang zwischen dem individuellen Glück und dessen Ursachen lässt sich mithilfe statistischer (ökonometrischer) Methoden ableiten. Es können drei Gruppen von Ursachen unterschieden werden:

1. Demografische Faktoren
   Der wichtigste Faktor ist die Gesundheit. Wer krank ist, fühlt sich weit weniger glücklich, als wer gesund ist. Es lässt sich auch eine Entwicklung des Glücks im Verlauf des Alters feststellen. Das Wohlbefinden fällt von der Jugend bis zur Mitte der Dreissigerjahre leicht ab. Danach nimmt es wieder zu. Die beiden erwähnten Einflüsse der Gesundheit und des Alters werden dabei unabhängig voneinander erfasst. Wer somit im Alter krank ist, fühlt sich weniger glücklich als jemand, der sich guter Gesundheit erfreut – was heute immer mehr Senioren erleben dürfen. Es ist eine wichtige Erkenntnis, dass Älterwerden nicht notwendigerweise mit einem Verlust an Lebensqualität verbunden ist. Paare sind glücklicher als Singles und alleinerziehende. Frauen im Berufsleben sind genauso zufrieden mit ihrem Leben wie Männer. Hausfrauen sind jedoch glücklicher.
2. Wirtschaftliche Faktoren
   Unter den wirtschaftlichen Bestimmungsgründen dominiert die Arbeitslosigkeit. Wer keine Arbeit hat, büsst ganz wesentlich an Wohlbefinden ein. Etwas überraschend steigert ein höheres Einkommen das Glücksempfinden nur wenig. Bezieher höherer Einkommen fühlen sich zwar glücklicher als solche mit tieferem Verdienst, aber der Unterschied ist nicht

sehr gross. In vielen Ländern ist das Einkommen pro Kopf in den letzten Jahrzehnten stark gestiegen, die Indikatoren für das Glück haben sich aber kaum verändert. Einkommen an sich bringt offensichtlich wenig Zufriedenheit, entscheidend ist vielmehr der Vergleich mit andern Personen. Eine allgemeine Einkommenssteigerung macht nicht viel glücklicher, wichtiger ist, ob man mehr verdient als die Nachbarn oder Kollegen.

3. Institutionelle Faktoren

Mein Mitarbeiter Alois Stutzer und ich haben noch einen ganz andern Einfluss auf das Glück nachweisen können. Wir zeigen mittels eines Vergleichs des Wohlbefindens in den unterschiedlichen Kantonen der Schweiz, dass zwei für unser Land typische politische Institutionen von grosser Bedeutung sind: Je stärker entwickelt die Institutionen der direkten Demokratie sind, desto glücklicher sind die Menschen. Können sich die Bürger mittels Initiativen und Referenden unmittelbar politisch beteiligten, sind die Politiker gezwungen, auf deren Wünsche einzugehen. Zum Nutzen aus dem vorteilhaften Ergebnis kommt mein Nutzen aus der Beteiligungsmöglichkeit an sich. Wenn die Bürger das politische Geschehen mitbestimmen können, sind sie auch bereit, Entscheidungen zu akzeptieren, die ihnen ansonsten nicht unbedingt gefallen.

Dieses Ergebnis entspricht früheren Forschungsresultaten, die ebenfalls günstige Auswirkungen der direkten Demokratie auf die Wirtschaft festgestellt haben. So wurde etwa nachgewiesen, dass je stärker ausgeprägt die direktdemokratischen Institutionen sind, desto geringer die staatliche Verschuldung pro Einwohner, desto höher die Steuermoral und desto geringer deshalb die Steuerhinterziehung sowie desto höher das Pro-Kopf-Einkommen ist.

Auch der Föderalismus als zweite grundlegende politische Institution der Schweiz beeinflusst das Glücksempfinden wesentlich. Je stärker die Gemeindeautonomie ausgeprägt ist, desto zufriedener sind die Einwohner. Politische Dezentralisierung erweist sich demnach auch aus dieser Warte als wichtig. Aus diesem Grund sollten Vorschläge, Gemeinden und Kantone zu fusionieren, mit Skepsis behandelt werden. Die Bürger fühlen sich offensichtlich in den historisch gewachsenen politischen Einheiten wohl, und deshalb sollen sie erhalten und nicht zerstört werden.

Die Ergebnisse dieser Untersuchungen sollten von all jenen zur Kenntnis genommen werden, die das Ausmass an direkter Demokratie vermindern und den Föderalismus einschränken wollen. Es sollte im Gegenteil alles versucht werden, die direkten Mitwirkungsrechte der Bürger zu stärken und die Entscheidungsrechte weitgehend zu dezentralisieren.

Glück hat viel mit den wirtschaftlichen und institutionellen Gegebenheiten zu tun. Im Gegensatz zu manchen Auffassungen wird Glück nicht nur im engen privaten Raum bestimmt, sondern hat eine wichtige gesellschaftliche Komponente. Damit hängt das Glück der Menschen auch von der Politik ab. Wir in der Schweiz haben den Vorzug, in der direkten Demokratie und dem Föderalismus Institutionen zu besitzen, die zwar nicht ideal sind, aber doch dem Glück der Menschen förderlich sind.

KURT SCHILTKNECHT
Goldene Fallschirme

«Exorbitante Managergehälter gehorchen immer seltener den Marktgesetzen. Die Position der Aktionäre muss gestärkt werden. Aktionäre sind dumm und frech – dumm, weil sie andern Leuten ohne ausreichende Kontrolle ihr Geld anvertrauen; frech, weil sie Dividenden fordern, also für ihre Dummheit auch noch belohnt werden wollen.» So umschrieb der deutsche Bankier Carl Fürstenberg (1850–1933) den Interessenkonflikt zwischen Aktionären und

Managern. Dumm müssen sich in der Tat die Aktionäre vorkommen, wenn sie zuschauen müssen, wie sich die Topmanager ihrer Unternehmung mit überhöhten Einkommen bereichern. Die europäischen Spitzensaläre liegen zwar noch immer unter den amerikanischen, doch inzwischen haben auch sie schwindelerregende Niveaus erreicht. Beispielsweise erhielt der Verwaltungsratspräsident und CEO von Novartis im Jahr 2004 ein Gehalt von 3 Millionen Schweizerfranken, 533 808 Optionen, 237 891 gesperrte und 104 439 ungesperrte Aktien sowie 172 649 Franken andere Vergütungen. Der Steuerwert aller Entschädigungen – und nur dieser wird angegeben – betrug insgesamt 20 786 304 Franken. Aber auch die Saläre der CEO anderer Konzerne wie Nestlé, Roche, UBS oder Credit Suisse können sich sehen lassen. In Deutschland gehören zu den Spitzenreitern etwa Deutsche-Bank-Chef Josef Ackermann, der im vergangenen Jahr Gesamtbezüge von 10,1 Millionen Euro hatte, oder Allianz-Chef Michael Diekmann, der es immerhin auf 4,7 Millionen Euro brachte.

Die komplexe Strukturierung der Entschädigungen entspringt keinem Zufall. Das Aufkommen von Optionen und Aktien als Teil der Managemententschädigung hatte steuerliche Gründe. Anfang der 1980er-Jahre wurde in den USA als Reaktion auf überhöhte Managersaläre die Bestimmung eingeführt, dass bei den Unternehmenssteuern die Lohnkosten eines Angestellten nur bis maximal 1 Million Dollar abgezogen werden können, es sei denn, die darüber hinausgehenden Entschädigungen seien erfolgsabhängig. Der eigentliche Siegeszug der Optionen wurde dann durch den Aktienboom der 1990er-Jahre ausgelöst. Die Manager suggerierten damals den Aktionären, dass die Aktienkurse dank ihrer hervorragenden Leistung steigen würden und sie deshalb Anspruch auf einen substanziellen Teil des gestiegenen Börsenwertes hätten. Untersuchungen zeigen allerdings, dass ein beträchtlicher Teil des damaligen Kursanstiegs nichts mit der Leistung der Manager zu tun hatte, sondern dem generellen Rückgang der Risikoprämie auf den Aktienmärkten zuzuschreiben war.

Die Fachleute sind sich heute einig: Optionen sind eine unzweckmässige und sehr teure Form der Managemententschädigung. Optionen können Manager zudem zu Manipulationen, angefangen beim «repricing» der Managementoptionen bis hin zur Manipulation der Informationen und Gewinne, verleiten. Dennoch teilen die grossen Gesellschaften auch heute noch unbeirrt grosse Optionspakete zu. Letztlich ist es die Aufgabe des Verwaltungsrates beziehungsweise Aufsichtsrates, die Manager zu beurteilen und deren Entschädigungen festzulegen. In grossen Unternehmungen können die Leistungen der Topmanager nur über einen längeren Zeitraum hinweg zuverlässig beurteilt werden. Bis sich Managemententscheidungen, abgesehen von Kostensenkungsprogrammen, auf das Ergebnis auswirken, kann es Jahre dauern. Diese Beurteilungsschwierigkeiten werden von Managern zielgerichtet genutzt. Mit Unterstützung von Public-Relations-Beratern und dem Einsatz der Werbung versuchen sie, sich in der Öffentlichkeit das Image eines erfolgreichen Managers zu geben. Damit wollen sie ihren Marktwert verbessern und ihre Bezüge rechtfertigen. Es ist kein Zufall, dass viele der am höchsten bezahlten Manager sich – selbstverständlich auch auf Kosten der Aktionäre – eigene Public-Relations-Berater halten.

Die Einkommen der Topmanager sind keine Marktsaläre. Dank ihrer Machtposition und einer mangelhaften Corporate Governance bestimmen die CEO ihr Salär in der einen oder andern Form selbst. Die Frage ist berechtigt, wie die Saläre zustande kommen und wie sie sich rechtfertigen lassen. Manager behaupten gerne, dass ihre Entschädigungen deshalb so hoch seien, weil das Angebot an hervorragenden Managern sehr knapp sei. Erstaunlich ist in diesem Zusammenhang nur, dass die Manager, obwohl sie so «gesucht» sind und somit jederzeit eine andere hochbezahlte Stellung finden könnten, sich mit «golden parachutes», das heisst mit lukrativen Entschädigungen für den Fall einer Machtverschiebung unter den Aktionären schützen. Bei Novartis beispielsweise wird bei einem solchen Kontrollwechsel der dreijährige Arbeitsvertrag der Spitzenmanager automatisch um zwei Jahre verlängert.

Die Gewährung exzessiver Managemententschädigungen wirft Fragen in Bezug auf einwandfreie Geschäftsführung auf. Die verantwortlichen Gremien müssen mit der Möglichkeit rechnen, dass sie wegen Gewährung überhöhter Managemententschädigungen verklagt werden.

CEO und Verwaltungsräte haben deshalb ein vitales Interesse, die Festsetzung der Managementkompensation zu «formalisieren» und damit zu «legalisieren». Die Schaffung von Kompensationskomitees und deren Besetzung mit aussenstehenden Verwaltungsräten, das Hinzuziehen von externen Beratungsfirmen sowie Vergleiche mit den Salären ähnlicher Unternehmungen dienen weniger der Suche nach dem richtigen Salär als vielmehr der Legitimierung überhöhter Entschädigungen. Die Begeisterung, mit der Einzelne der bestbezahlten Exponenten der Grosskonzerne die Einführung von Corporate-Governance-Regeln begrüsst haben und deren genaues Befolgen herausstreichen, macht hellhörig.

Da die amerikanischen Managerlöhne wesentlich über den europäischen liegen, ziehen die grossen europäischen Gesellschaften bei der Festsetzung der Managemententschädigungen mit Vorliebe amerikanische Beratergesellschaften wie Tower Perrins bei. Die logische Folge ist eine Annäherung der europäischen Saläre an die amerikanischen.

Die Behauptung europäischer Manager, dass die Annäherung wegen der rasch voranschreitenden Globalisierung des Marktes für Manager stattgefunden habe, ist noch nie glaubwürdig dokumentiert worden. Mit der Wahl des externen Beraters oder der Zusammensetzung des Kompensationskomitees können Manager subtil Einfluss auf ihre Entschädigungen nehmen. Die Beratungsgesellschaften, die sich für sehr hohe Managemententschädigungen stark machen, sind bekannt. Immer mehr Unternehmungen lassen sich deshalb von den gleichen Firmen «beraten». Je grösser die Zahl der Unternehmungen wird, bei der eine Beratungsfirma mithelfen konnte, die Saläre in die Höhe zu treiben, umso besser dokumentiert erscheinen deren «Argumente» für höhere Löhne beim nächsten zu beratenden Unternehmen.

Die Dominanz einiger weniger Beratungsfirmen bedeutet nichts anderes, als dass die Entschädigungen der Topmanager unter Orchestrierung externer Berater weitgehend «kartellistisch» und nicht auf dem freien Markt festgelegt werden.

Die Aktionäre dürfen überhöhte Managerlöhne nicht hinnehmen. Den Legalisierungsversuchen mithilfe von Corporate-Governance-Regeln muss ein Riegel vorgeschoben werden. Der am meisten versprechende Ansatz liegt nicht in neuen Gesetzen oder staatlich festgelegten Maximallöhnen. Das Augenmerk muss – analog zu einer demokratischen Regierungsform – darauf gerichtet sein, die institutionellen Voraussetzungen zu schaffen, damit die Aktionäre Verwaltungsrat und Management bei Fehlentwicklungen rasch abwählen beziehungsweise entlassen können.

Dies ist kein Plädoyer für einen häufigen Wechsel der Unternehmungsführung. Doch die Manager und die Verwaltungsräte werden sich umso mehr für die Mehrung des Unternehmungswertes einsetzen, je grösser ihr Risiko ist, bei ungenügenden Leistungen ihren Job zu verlieren. Vor diesem Hintergrund wäre es wichtig, dass alle Regulierungen abgeschafft werden, welche die Position der Aktionäre schwächen.

Dazu gehören Stimmrechtsbeschränkungen, Stimmrechtsaktien oder Depotstimmrechte. Zudem sollten die Abwahl von Verwaltungsräten wie auch Übernahmen oder der Erwerb kontrollierender Beteiligungen erleichtert und Kreuzbeteiligungen aufgegeben werden. Die Vorstellung, dass eine Offenlegung der Gehälter zu einer Zurückhaltung bei der Gewährung überhöhter Managemententschädigungen führen würde, hat sich weltweit als falsch herausgestellt. Das Gegenteil ist der Fall. Die Offenlegung liefert nur den Beratungsgesellschaften und Entschädigungskomitees zusätzliche Argumente, um die jeweils niedrigsten Managementsaläre noch schneller nach oben anzupassen.

Die überhöhten Managersaläre sind ein Warnsignal. Sie zeigen, dass die Kontrolle der Manager durch die Eigentümer ungenügend ist. Ohne wirksame Kontrolle durch den Aktienmarkt oder die Aktionäre kann der wirtschaftliche Niedergang einer Unternehmung über lange Zeit seinen ungehemmten Lauf nehmen. Der Verlauf der Aktienkurse zahlreicher europäischer und amerikanischer Konzerne in den vergangenen Jahren spricht Bände.

Erstmals erschienen in: *Die Welt*, 31.10.2006.

KURT SCHILTKNECHT
Konkurrenz belebt das Leben

Zug tat es, Schwyz tat es, Obwalden tat es, und demnächst tut's auch Luzern: Steuern senken. Verarmt deswegen der Staat? Nein, das macht ihn bürgernäher und effizienter.

Die Schweiz erwacht, mindestens 18 von 26 Kantonen senken im Jahr 2006 die Steuern oder planen, diese zu reduzieren. Der unheilvolle Trend zu immer höherer Steuerbelastung scheint zumindest vorübergehend gebrochen zu sein. Mit einer beeindruckenden Steuersenkung für Spitzenverdiener hat der Kanton Obwalden vor Kurzem die Diskussion um den Steuerwettbewerb in der Schweiz neu entfacht. Eine Vielzahl von Regierungsvertretern und Politikern vertritt lautstark die Meinung, dass dem Steuerwettbewerb umgehend Einhalt geboten werden müsse, weil sonst das Ende des Sozialstaates Schweiz absehbar sei. Erstaunlich, dass auch Politiker in dieses emotionsgeladene Geheul einstimmen, die sonst nicht müde werden, den Wettbewerb als die beste Voraussetzung für die Schaffung von Volkswohlstand zu preisen. Die Argumente gegen den Steuerwettbewerb auf nationaler und internationaler Ebene gleichen denjenigen, mit denen sozialistische Kreise seit Jahren eine Beschränkung des freien Wettbewerbs fordern. Steuerwettbewerb verstosse gegen die Gleichbehandlung der Bürger, sei der sozialen Gerechtigkeit abträglich und schaffe ungleich lange Spiesse für die Unternehmungen im internationalen Wettbewerb.

Ökonomen und Anhänger eines marktwirtschaftlichen Systems befürworten dagegen den Steuerwettbewerb, weil er den Steuerzahlern ermöglicht, ihre Aktivitäten jederzeit an einen Ort mit niedrigeren Steuerbelastungen zu verlagern, den Spielraum für die Einforderung zu hoher Steuern einschränkt und die Bürger vor der Ausbeutung durch den Staat schützt. Für die Gegner eines Steuerwettbewerbs führt dieser allerdings nicht nur zu einer Begrenzung der Steuerbelastung, sondern zu einem dramatischen Schrumpfen der Steuereinnahmen mit entsprechend negativen Auswirkungen auf die öffentlichen Ausgaben. Das Wort vom Zu-Tode-Sparen des Staates macht schon die Runde. Die Häufigkeit, mit der solche Behauptungen gemacht werden, steht in krassem Widerspruch zur Realität. Weder auf nationaler noch auf internationaler Ebene lassen sich Anzeichen für einen zerstörerischen Wettlauf um niedrigere Steuern oder für ein Ende des Wohlfahrtsstaates ausmachen. Fast überall bewegen sich die Staatsquoten auf Rekordhöhe.

Das negative Bild des Steuerwettbewerbs ist entweder politisch gefärbt oder naiv. Es basiert auf simplen und falschen Verhaltenshypothesen der Wirtschaftsakteure. Die Steuerbelastung ist letztlich nur eine von vielen Komponenten im Standortwettbewerb. Realistischerweise müsste eine Analyse des Steuerwettbewerbs davon ausgehen, dass jede Region eine bestimmte Menge an öffentlichen Gütern und Dienstleistungen anbietet und dafür von den Einwohnern Steuern erhebt. Die Wirtschaftssubjekte werden dann die von den einzelnen Regionen oder Städten angebotenen Leistungen mit den zu zahlenden Steuern vergleichen und sich dann in jenem Ort niederlassen, der ihnen das optimale Paket von öffentlichen Gütern, Dienstleistungen und Steuern anbietet. Dieses Mit-den-Füssen-Abstimmen übt auf die einzelnen Regionen Druck aus, ihren Einwohnern ein möglichst günstiges und attraktives Angebot von öffentlichen Dienstleistungen in Relation zur Steuerbelastung zu machen. Der Steuerwettbewerb führt daher zu einem gesamtwirtschaftlich effizienten Einsatz der verfügbaren Ressourcen, zu einem sorgfältigen Umgang mit den Steuergeldern und zu einer optimalen Steuerbelastung.

Zu den populären Argumenten gegen den Steuerwettbewerb gehört die ungleiche Belastung der Steuerzahler. Es wird als ungerecht und als Verstoss gegen die Gleichbehandlung der Steuerzahler empfunden, wenn an zwei Orten bei gleichem Einkommen und Vermögen ungleich hohe Steuern bezahlt werden müssen. Gleichheit und Gerechtigkeit sind zwar politische Argumente aus der Mottenkiste, doch in der Wirtschaftspolitik erweisen sie sich immer noch als politisch erfolgreiche Schlagworte.

Was die Oper kostet, ist nicht die Frage

Wenn Gleichheit ein entscheidendes Kriterium für die Beurteilung wirtschaftspolitischer Massnahmen wäre, müsste die Marktwirtschaft umgehend abgeschafft werden. Ungleichheit in Form unterschiedlicher Einkommen und Vermögen sind typische Merkmale eines marktwirtschaftlichen Systems. Sämtliche Versuche, solche Unterschiede zu eliminieren, sind kläglich gescheitert und haben die Bildung von Wohlstand verhindert oder erschwert. Wachstum und Fortschritt erfordern eine ungleiche Einkommens- und Vermögensverteilung. Daran haben sich die Leute gewöhnt, denn trotz der heute bestehenden Lohn- und Vermögensdifferenzen verlangt nur eine unbelehrbare Minderheit die Abschaffung der Marktwirtschaft. Umso erstaunlicher ist es, dass neben den linken auch die bürgerlichen Politiker sich nur vom Prinzip der Gleichheit und Gerechtigkeit leiten lassen, wenn es um den Steuerwettbewerb geht. Viele Politiker glauben, dass die Einkommens- und Vermögensergebnisse der marktwirtschaftlichen Prozesse durch eine gezielte Steuerpolitik korrigiert und «gerecht» gemacht werden könnten. Diese irrige Vorstellung basiert auf der weltfremden Annahme, dass die Steuerwirkungen losgelöst von den übrigen marktwirtschaftlichen Prozessen ablaufen würden.

Anhand von gesamtwirtschaftlich weitgehend irrelevanten, aber eingängigen Einzelbeispielen (Wer trägt die Kosten der Oper? oder Wer zahlt für die Universität?) «dokumentieren» viele Politiker die sogenannten Nachteile und die Ungerechtigkeit des Steuerwettbewerbs. Wer ärgert sich nicht darüber, dass der reiche Opernbesucher aus dem Kanton Schwyz mit seinen niedrigen Steuern durch den Kanton und die Stadt Zürich subventioniert wird. Mit solchen Beispielen lässt sich leicht Stimmung gegen den Steuerwettbewerb machen, und nicht wenige vergessen darüber, dass der Steuerwettbewerb in einem gesamtwirtschaftlichen Zusammenhang und nicht anhand von relativ leicht lösbaren Einzelbeispielen beurteilt werden sollte. So könnten die Probleme der Kostenaufteilung eines Opernhauses oder einer Universität problemlos gelöst werden, wenn die effektiven Kosten von denen bezahlt würden, die vom Opernhaus oder von der Universität direkt profitieren.

Mehr fürs Geld

Die Analyse des Steuerwettbewerbs darf sich nicht auf die Beschreibung von Zuständen beschränken, das heisst, es ergibt keinen Sinn, festzustellen, dass ein Bürger in der Gemeinde X doppelt so viel Steuern bezahlt wie ein Bürger mit dem gleichen Einkommen in der Gemeinde Z. Eine solche Feststellung ist wirtschaftspolitisch ohne Aussagekraft. Entscheidender ist die Frage, mit welchem Steuersystem mehr Wohlstand und Wachstum für die Bürger geschaffen werden kann. Für den Steuerwettbewerb spricht, dass die Ressourcen und die Macht im fiskalischen Bereich auf die unteren Ebenen des politischen Systems verlagert werden. Die Chance, dass der Steuerzahler mehr für sein Geld erhält, nimmt mit einem föderalistischen Steuersystem zu, weil die Politiker in ihrem Ausgabengebaren besser überwacht und diszipliniert werden. Ohne Bürgerkontrolle neigen die Politiker sowohl zur Geldverschwendung als auch zur Einforderung zu hoher Steuern.

Steuerwettbewerb – und die lauten Klagen der Politiker bestätigen dies – erschwert eine sehr hohe Steuerbelastung. Im Hinblick auf die Schaffung von Wohlstand ist dies allerdings positiv zu werten. Empirische Untersuchungen zeigen immer wieder, dass hohes Wachstum eine relativ niedrige Steuerbelastung voraussetzt.

Steuerwettbewerb drängt sich auch aus regionalpolitischen Gründen auf. Kantone und Gemeinden sind naturgegeben oder aus historischen Gründen mit unterschiedlichen Standortfaktoren ausgestattet. Der Steuerwettbewerb gibt den benachteiligten Regionen und Gemeinden eine Chance, durch ein günstigeres Steuerumfeld einen Teil des natürlichen Standortnachteils wettzumachen. Eine Harmonisierung der Steuern würde den steuerpolitischen Spielraum der Kantone und Gemeinden stark einschränken. Die Bestrebungen für eine Steuerharmonisierung würden letztlich die innovativen und sparsamen Kantone und Gemeinden benachteiligen. Demgegenüber wären die Ballungszentren die Profiteure. Diese weisen gegenüber den Randgebieten ohnehin schon stattliche Standortvorteile wie ausgebaute Verkehrsverbindungen, Arbeitskräftereservoir oder Kulturinstitutionen auf. Ein föderalistisches Steuersystem und ein funktionierender Steuerwettbewerb geben gute Voraussetzungen für eine regional gleichmässigere Wirtschaftsentwicklung ab. Der Wirtschaftserfolg der Kantone Zug, Schwyz oder Appenzell Innerrhoden illustriert die Chancen eines Steuerwettbewerbs eindrücklich.

Wegen der komplexen Überwälzungs- und Ausweichmechanismen lässt sich nicht abschliessend sagen, welche Steuerbelastung optimal ist, welche Progression sinnvoll ist und welche Wirkungen spezifische Steuern haben. Solange der Steuerwettbewerb international und national zugelassen und gefördert wird, kann damit gerechnet werden, dass die Regierungen mit unterschiedlichen fiskalpolitischen Strategien den Wünschen ihrer Wähler Rechnung zu tragen versuchen. Mit der Zeit kristallisiert sich heraus, welche Steuern und welche fiskalische Belastung für die Vermehrung des Volkswohlstands am besten geeignet sind. Vorbildcharakter wird die Steuerpolitik derjenigen Regionen erhalten, die eine erfolgreiche Wirtschaftsentwicklung aufweisen. Die Wahrscheinlichkeit besteht, dass andere Staaten, Kantone oder Gemeinden diese Steuerpolitik kopieren werden. Die Erfahrungen zeigen allerdings, dass es häufig sehr lange dauert, bis Politiker sich zur Änderung einer falschen Wirtschaftspolitik durchringen.

Bequeme Harmonie

Im Gegensatz zum Wettbewerb in der privaten Wirtschaft, der keine zögerliche Haltung der Manager erträgt, ist der Steuerwettbewerb ein träger Mechanismus. Bis sich eine gute Steuerpolitik positiv auf den Gang der Wirtschaft auswirkt, kann es Jahre dauern. Deshalb ist der Anreiz der Politiker gering, sich für eine wirtschaftsfreundlichere Steuerpolitik einzusetzen. Ein Ausschalten des Steuerwettbewerbs würde allerdings die Situation noch schwieriger machen, vor allem aber den Suchprozess nach einer optimalen Steuerpolitik stoppen. Zu glauben, eine übergeordnete Behörde könne ex cathedra für ein ganzes Land eine optimale Steuerpolitik verordnen, ist genauso naiv wie die Vorstellung der Planwirtschafter, dass es ohne Wettbewerb und mit nur einer staatlichen Autounternehmung möglich sei, ein Auto zu produzieren, das den Bedürfnissen aller Konsumenten Rechnung trägt.

Der Steuerwettbewerb erschwert zweifellos die Arbeit der Politiker, und er begrenzt ihre Macht und ihren Einfluss. Diese Unannehmlichkeiten wollen Politiker mit einer Steuerharmonisierung aus der Welt schaffen, so wie viele Manager mit Kartellbildungen, Preisabsprachen oder Importrestriktionen den Mühseligkeiten des privaten Wettbewerbs zu entfliehen versuchen. Doch weder in der Wirtschaft noch in der Politik ist der einfache Weg immer der richtige. Eine Alternative zum Wettbewerb in Wirtschaft und Politik gibt es nicht. Wenn die Politiker bei einer schlechten Wirtschaftspolitik und bei einer zu hohen Steuerbelastung mit einer Abwanderung des Kapitals und der Arbeit rechnen müssen, können sich die Politiker und Regierungen nicht nur um die Interessen ihrer Wähler kümmern. Sie müssen auch auf die übrigen Bürger, auf alle Minderheiten, das heisst auch auf die Erfolgreichen und auf die gut Verdienenden und Reichen, Rücksicht nehmen.

Der deutsche Volkswirtschaftsprofessor Roland Vaubel hat die positiven Aspekte des politischen Wettbewerbs mit folgender Aussage auf den Punkt gebracht: «Der Wettbewerb der Staaten um Menschen und Kapital war der beste Schutz vor staatlicher Unterdrückung und konfiskatorischer Besteuerung; die Möglichkeit der Abwanderung war die politische Grundlage der Freiheit, der geistigen Vielfalt und der materiellen Anreize, ohne die es das europäische Wunder nicht gegeben hätte.»

Erstmals erschienen in: *Die Weltwoche*, 5.1.2006.